Accordez vos participes !

22, rue Huyghens, 75014 Paris
ISBN 2-226-14383-1

Les Dicos d'or
de Bernard Pivot

Accordez vos participes !

Micheline Sommant

Albin Michel

SOMMAIRE

Préface

Une grande cause nationale

Les années se sont succédé, les mois se sont relayés, les jours se sont ajoutés aux nuits, et les nuits ont pris la suite des jours, le temps a passé, et nous continuions d'être interloqués, agacés, et même exaspérés, par les règles des participes passés que nous n'avions jamais réussi à maîtriser et dont il nous arrivait de penser qu'elles étaient inutilement compliquées, peu adaptées à notre époque de vitesse, de simplification et de rendement poussé au maximum, et qu'elles resteraient à tout jamais éloignées de notre entendement, interdites à notre jugeote, biffées de notre savoir.

Nous étions particulièrement déroutés par les participes passés des verbes pronominaux, dont il nous semblait que des grammairiens s'étaient plu à embrouiller les règles, quand, inspirés par le diable, stimulés par une sorte de sadisme intellectuel, ils ne s'étaient pas ingéniés à en multiplier les exceptions.

Et puis Micheline Sommant, comme l'excellent Malherbe, comme le bon Zorro, est arrivée...

Non que nous n'ayons trouvé ailleurs des lumières sur l'accord des participes passés. Aucune grammaire ne s'en est exonérée. C'est seulement la seconde fois qu'un ouvrage tout entier leur est consacré, avec des rubriques bien détaillées, avec des règles bien expliquées, avec des développements de cas particuliers – nombreux, nous ne le nions pas, sinon pourquoi nous serions-nous fait « balader » par ces sacrés participes passés, depuis tant d'années ? Pourquoi nous serions-nous laissé importuner par leur savant imbroglio ?

Mais tout s'éclaire, tout s'ordonne, tout se comprend quand on entre dans la logique – oui, la logique – des règles, et même dans la cohérence – oui, la cohérence – des cas particuliers. C'est parce que le français est une langue subtile, pénétrante, rusée, délicate, qu'elle demande à qui veut la bien posséder, du moins en avoir un usage correct, un peu d'attention et d'intelligence. Sans compter que ce qui nous effrayait dans les participes passés nous divertit lorsque nous faisons l'effort de jouer avec eux.

Car l'autre avantage qu'offre le livre de Micheline Sommant, c'est la possibilité de procéder à la vérification de notre savoir en répondant aux nombreux tests et travaux pratiques qu'elle propose tout du long. Voici, à ciel ouvert, une foire aux participes passés ! De toutes natures, de toutes difficultés, neufs ou d'occasion, ils se présentent à nous en rangs, par paquets, sur les étals, à pleines mains. Profitons-en : groupés, ils paraissent beaucoup plus commodes et aimables que lorsque, soudain, nous nous trouvons face à face avec l'un d'eux, surtout pronominal, embusqué au détour d'une phrase...

Après avoir lu ce petit ouvrage d'utilité publique – car les règles des participes passés sont une des grandes causes nationales –, après nous en être nourris, nous nous sentirons mieux armés, plus sûrs de nous, pour affronter non seulement les pièges de la grammaire, mais aussi les chausse-trapes de la vie.

Bernard Pivot

Le participe passé employé sans auxiliaire

Le participe passé employé sans auxiliaire s'accorde en genre et en nombre avec le nom (ou le pronom) auquel il se rapporte, comme un adjectif qualificatif. Il est en ce cas épithète.

- Des obélisques *érigés*, des chansons *chantées*.

« Obélisques » est masculin pluriel, on écrit donc *érigés* ; « chansons » est féminin pluriel, on écrit donc *chantées*.

- Des peuples *bénis*, des mots *ouïs*, des pétales *flétris*, des azalées *fleuries*.

Les participes terminés en **-i** s'accordent au masculin pluriel en **-is** et au féminin pluriel en **-ies**. À noter ici que « pétale » est masculin et « azalée » féminin.

• Des remarques *permises*, des rencontres *remises*, des mensonges *dits*.

Les participes passés terminés en **-is** au masculin font **-ise** au féminin, ceux qui sont terminés en **-it** font **-ite** au féminin [exemple : une catastrophe *prédite*] et **-its** au masculin pluriel.

• Des textes *refaits*, des livres *rendus*, des écussons *cousus*.

Attention aux finales des participes passés des verbes du 3e groupe comme « refaire », « rendre », « coudre », etc.

Remarque : il importe donc de bien connaître le genre des mots auxquels se rapporte le participe passé pour savoir comment l'accorder.

Testez-vous !

1. Cochez les bonnes réponses :

☐ a) Des gâteaux ratés
☐ b) Des détenues condamnés
☐ c) Des femmes parfumées
☐ d) Des participes passés bien accordé

2. Accordez correctement les participes passés :

a) Un vin d'appellation contrôlé...
b) Des gardiens de nuit recruté...
c) Une tarte au citron réussi...

d) Un stylo à bille soldé...
e) Une pomme de pin ramassé...
f) Des sacs à main volé...
g) Un recueil de poésie ouvert...

3. Accordez les participes passés en faisant bien attention au genre des noms :
a) Des pétales tombé...
b) Des écritoires verni...
c) Des planisphères jauni...
d) Des moustiquaires installé...
e) Des réglisses acheté...
f) Des antidotes vendu...
g) Des poulpes assaisonné...
h) Des viscères retiré...
i) Des ivoires taillé...
j) Des urticaires soigné...
k) Des primeurs arrivé...

4. Accordez les participes passés dans les extraits de phrases suivants :
a) Des récitals (donner).......... par les concertistes
b) Des abris (aménager).......... pour la nuit
c) Des journaux (lire).......... dans le train
d) Des informations (connaître).......... tard dans la nuit
e) Des eaux aux reflets (mêler)..........

f) Des palais aux fenêtres (peindre).......... d'or
g) Des gâteaux à base d'amandes (moudre)..........
h) Un moulin aux ailes (mouvoir).......... par la force du vent
i) Un rappel à cause des délais (échoir)..........

5. Trouvez et accordez correctement les participes passés :
a) Des casques (fendiller)..........
b) Des personnes (haïr)..........
c) Des laits (bouillir)..........
d) Des manches (recoudre)..........
e) Des affaires (clore)..........
f) Des vaches (traire)..........
g) Des liquides (répandre)..........
h) Des personnes (absoudre)..........

6. Répondez par « oui » ou par « non » selon que les accords sont corrects ou ne le sont pas :
a) Les cahiers achetés et les opuscules invendus .... oui/non
b) Les icônes soldés et les gros lots perdus . oui/non
c) Les pétales déchirés et les plantes coupées . oui/non
d) Les victimes sauvés et les sauveteurs soulagés .... oui/non
e) Les personnalités connus et les journalistes convoqués .... oui/non

f) Des azalées et des marguerites épanouies . oui/non
g) Des éphémérides et des réglisses offerts . oui/non
h) Des fax et des courriels reçus .... oui/non

7. Combien y a-t-il de participes passés mal accordés dans ce texte ?
Les colonnades restaurées embellissaient les façades ravalées de ce château aux murs rebâtis. À l'intérieur, les parois noircis avaient été reblanchis. Dans la salle de garde, on voyait des oriflammes exposés, des épées suspendues. Dans le jardin, une touriste affamé grignotait une pomme mûre tombé.

Réponses :
1 : a) ; c). Il fallait écrire : b) des détenues *condamnées* (*condamnées* est épithète de « détenues » donc s'accorde au féminin pluriel) ; d) des participes passés bien *accordés* (*accordés* est épithète de « participes passés » donc s'accorde au masculin pluriel). **2 :** a) *contrôlée* (épithète de « appellation », et non de « vin », accord au féminin singulier) ; b) *recrutés* (épithète de « gardiens », et non de « nuit », accord au masculin pluriel) ; c) *réussie* (épithète de « tarte », et non de « citron », accord au féminin singulier) ; d) *soldé* (épithète de « stylo », et non de « bille », accord au masculin singulier) ; e) *ramassée* (épithète de « pomme », et non de « pin », accord au féminin singulier) ; f) *volés* (épithète de « sacs », et non de « main », accord au masculin pluriel) ; g) *ouvert* (épithète de « recueil », et non de « poésie », accord au masculin singulier). **3 :** Sont du genre masculin et entraînent donc l'accord au masculin

pluriel : a) des pétales *tombés* ; c) des planisphères *jaunis* ; f) des antidotes *vendus* ; g) des poulpes *assaisonnés* ; h) des viscères *retirés* ; i) des ivoires *taillés*. Sont du genre féminin et entraînent donc l'accord au féminin pluriel : b) des écritoires *vernies* ; d) des moustiquaires *installées* ; e) des réglisses *achetées* ; j) des urticaires *soignées* ; k) des primeurs *arrivées*. **4 :** a) *donnés* ; b) *aménagés* ; c) *lus* ; d) *connues* ; e) *mêlés* ; f) *peintes* ; g) *moulues* ; h) *mues* ; i) *échus*. **5 :** a) *fendillés* ; b) *haïes* ; c) *bouillis* ; d) *recousues* ; e) *closes* ; f) *traites* ; g) *répandus* ; h) *absoutes*. **6 :** a) oui (« cahiers » et « opuscules » sont masculins) ; b) non (« icônes » est un nom féminin, donc *soldées*) ; c) oui (« pétale » est masculin et « plantes » est féminin) ; d) non (« victime » est féminin, donc *sauvées*) ; e) non (« personnalités » est féminin, donc *connues*) ; f) oui (« azalées » et « marguerites » sont féminins) ; g) non (« éphémérides » et « réglisses » sont féminins, donc *offertes*) ; h) oui (« fax » et « courriels » sont masculins). **7 :** cinq. Il fallait écrire : *noircies*, *reblanchies*, *exposées*, *affamée*, *tombée*.

LES EXCEPTIONS

Approuvé, *attendu*, *certifié*, *communiqué*, *[non, y] compris*, *entendu*, *étant donné*, *excepté (que)*, *lu*, *mis à part*, *ôté*, *ouï*, *passé*, *reçu*, *supposé*, *vu*

Placés devant le nom, ces mots s'emploient comme des prépositions et demeurent invariables.

- Apportez tous vos jouets, *excepté* les poupées.

Excepté, placé avant « poupées », reste invariable.

Placés derrière le nom, ils sont variables.

• Apportez tous vos jouets, les poupées *exceptées*. *Exceptées*, placé après « poupées », s'accorde avec ce nom.

Une tolérance existe pour certains des termes énumérés ci-dessus. *Passé*, *étant donné*, *mis à part* peuvent être variables ou invariables :

• *Passé(s)* les moments de doute, il arrêta sa décision.
Passé peut, au choix, s'accorder avec « moments de doute » : *passés*, ou rester invariable : *passé*.

• *Mis(e) à part* cette réserve émise par son frère, tout le monde était d'accord.
Mis à part peut, au choix, s'accorder avec « réserve » : *mise*, ou rester invariable : *mis*.

• *Étant donné(es)* les circonstances, j'annule le rendez-vous.
Étant donné peut, au choix, s'accorder avec « circonstances » : *données*, ou rester invariable : *donné*.

Testez-vous !

1. Cochez les cases correspondant aux phrases bien orthographiées :

☐ a) Ouïes les conclusions, la séance du conseil prit fin.

- ☐ b) Voici tout votre courrier d'aujourd'hui, les revues comprises.
- ☐ c) Vue la déviation, il est préférable d'emprunter l'autre route.
- ☐ d) Attendus vos bons services, nous vous accordons une prime.
- ☐ e) Nous avons reçu les encyclopédies attendues.
- ☐ f) Attendue longtemps par ses fans, l'idole fit un triomphe en entrant sur scène.

2. Complétez les pointillés par l'accord qui convient :

a) J'ai reçu la livraison de ma commande : tout y est, la chemise bleue excepté...

b) Passé... les vacances, les écoliers se sont retrouvés dans leur nouvelle salle de classe.

c) Ces mauvais moments passé..., vous retrouverez votre énergie.

d) Ces adverbes ôté..., votre phrase est plus légère.

e) Approuvé... les deux alinéas, ce contrat a pu être signé.

f) Supposé... ces faits, quelle stratégie allons-nous développer pour contrer l'adversaire ?

3. Combien y a-t-il d'accords incorrects dans cette phrase ?

Ôtées deux ou trois fissures, les murs seront comme

neufs, et, les carreaux exceptés, le sol sera récupéré, les dalles de la cuisine comprise.

4. Combien d'erreurs d'accord ce texte contient-il ? Passés les premières chaleurs, l'atmosphère est devenue meilleure. Mise à part les facéties des garçons agitées, ces vacances écourtées furent réussies. Étant donné la vitesse à laquelle le temps passait, nous fûmes vite rentrés dans nos chers pénates.

Réponses :
1 : b), e), f) (« attendue » est un adjectif mis en apposition à « idole », donc il s'accorde avec ce mot au féminin). Il fallait écrire : a) *ouï* ; c) *vu* ; d) *attendu* (invariables en tête de phrase). **2 :** *exceptée* ; *passé* (tolérance : *passées*) ; *passés* ; *ôtés* ; *approuvé* ; *supposé*. **3 :** Deux. Il fallait écrire : *ôté* (car en tête de phrase), *comprises* (accord avec *dalles*). **4 :** Il y a trois accords fautifs : *passées* ou *passé* (mais non *passés*), *mis* ou *mises* à part (et non *mise*), *agités* (accord avec « garçons »).

CAS PARTICULIERS : *CI-JOINT*, *CI-INCLUS*, *CI-ANNEXÉ*

Ces mots sont invariables quand, placés devant le nom, ils ont valeur d'adverbe :

- En tête de phrase* :

• *Ci-joint* la copie de cette lettre.

Ci-joint est en tête de phrase, donc invariable.

*Sauf lorsqu'ils jouent le rôle d'un adjectif détaché. Exemple : *ci-jointes*, les copies que vous nous avez demandées.

- À l'intérieur d'une phrase :

• Je vous adresse *ci-joint* la copie de la lettre.

En revanche, ils sont variables quand ils sont employés comme des épithètes ou des attributs :

• Les circulaires *ci-jointes*, *ci-incluses*, les documents *ci-annexés.*

Ci-jointes et *ci-incluses* sont épithètes de « circulaires » et *ci-annexés* est épithète de « documents », donc les trois s'accordent.

• Vous trouverez les circulaires *ci-jointes*, les copies *ci-incluses*, les documents *ci-annexés*.

Ci-jointes est attribut du COD « circulaires » et s'accorde au féminin pluriel, *ci-incluses* est attribut du COD « copies » et s'accorde au féminin pluriel, *ci-annexés* est attribut du COD « documents » et s'accorde au masculin pluriel.

Testez-vous !

1. Cochez les phrases correctes :

☐ a) Ci-joint la circulaire demandée.

☐ b) Ci-jointe la circulaire demandée.
☐ c) Ci-jointe, la circulaire demandée.

2. Cochez la phrase correcte :
☐ a) Vous trouverez ci-incluse la clause supplémentaire au contrat.
☐ b) Vous trouverez ci-annexés les documents nécessaires.
☐ c) Vous trouverez la facture ci-jointe.

3. Pour écrire : « *Vous trouverez ci-joint... les extraits du journal* », quel raisonnement choisissez-vous ?
☐ a) J'écris *ci-joint* car il a ici une valeur d'adverbe à l'intérieur de la phrase.
☐ b) J'écris *ci-joints* car il est épithète de « extraits ».
☐ c) J'écris *ci-joint* car il joue le rôle d'un adjectif détaché.

4. Combien de fautes d'accord relevez-vous dans cette phrase ?
Vous trouverez, ci-jointes, les copies des lettres demandées auxquelles les documents ci-annexés se rapportent ; ci-incluse une autre missive et deux courriels. Vous trouverez encore ci-joints des bordereaux à compléter et vous pourrez prendre connaissance aussi de l'intéressante circulaire ci-jointe.

Réponses :

1 : a) ; c). Il fallait écrire : b) *Ci-joint* la circulaire demandée (car « ci-joint » est en tête de phrase). **2 :** c). Il fallait écrire : a) *ci-inclus* ; b) *ci-annexé* (invariables car ils ont une valeur adverbiale). **3 :** a). **4 :** Deux. Il fallait écrire : *ci-inclus* et *ci-joint* (« les bordereaux »).

Le participe passé employé avec l'auxiliaire « être »

Le participe passé des verbes conjugués avec l'auxiliaire « être » s'accorde en genre et en nombre avec le sujet.

- Elles sont *venues.*

Venues s'accorde avec le sujet « elles », au féminin pluriel.

- Elles ont été bien *accueillies.*

Accueillies s'accorde avec le sujet « elles », au féminin pluriel.

- Elle avait été *étonnée* par l'originalité de cette sculpture.

Étonnée s'accorde avec le sujet « elle », au féminin singulier.

Testez-vous !

1. Remplacez le verbe entre parenthèses par son participe passé en l'accordant correctement :
a) Que de bonnes histoires sont (inscrire).......... dans nos mémoires !
b) Lorsque l'atmosphère est (devenir).......... trop glaciale, nous nous sommes mis à l'abri.
c) Sa sœur et lui étaient (embarrasser).......... devant une telle situation.
d) Ces deux excitées sont (parvenir).......... à leurs fins.
e) Une telle faute professionnelle n'est pas (tolérer).......... dans notre entreprise.
f) Des mesures sont (prendre).......... pour empêcher une nouvelle catastrophe.

2. Accordez le participe passé dans chaque phrase :
a) Des azalées roses sont fleuri...
b) Ces antidotes sont recommandé...
c) Ces termites ne sont guère apprécié...
d) Ces idoles sont adulé...
e) Ces échappatoires sont choisi...
f) Ces intervalles sont bien calculé...

3. Cochez la case correspondant au raisonnement correct :

1) *Les restaurations des grands édifices en péril sont fort (apprécier).*

☐ a) J'écris *appréciés*, parce que ce sont les grands édifices qui sont appréciés.

☐ b) J'écris *appréciées*, parce que ce sont les restaurations qui sont appréciées.

☐ c) *Apprécié* demeure invariable car il est précédé de « fort », adverbe, donc invariable.

2) *On craint que ces enfants et ces femmes ne soient (reconduire) à la frontière.*

☐ a) J'écris *reconduits* car le participe passé est attribut du sujet « ces enfants et ces femmes » et s'accorde avec celui-ci au masculin pluriel.

☐ b) J'écris *reconduites* car le participe passé est attribut du sujet « ces enfants et ces femmes » et s'accorde avec le dernier terme de celui-ci, femmes, au féminin pluriel.

☐ c) J'écris *reconduit* : le participe passé est invariable car il est suivi, et non précédé, d'un complément d'objet.

3) *Ni le mensonge ni l'hypocrisie ne sont (intervenir) dans son discours.*

☐ a) J'accorde le participe passé *intervenue* avec le second terme du sujet, « l'hypocrisie », qui se trouve le plus près de « sont ».

☐ b) J'accorde *intervenus* au pluriel avec « ni le mensonge ni l'hypocrisie », et au masculin car le masculin (mensonge) l'emporte sur le féminin (hypocrisie).

☐ c) Je n'accorde pas *intervenu*, puisqu'il s'agit de ni l'un ni l'autre.

4) *Le garage, l'atelier et la grange ont été (brûler) lors de l'incendie.*

☐ a) J'écris *brûlés* car le participe passé s'accorde en genre et en nombre avec le sujet « le garage, l'atelier et la grange ».

☐ b) J'écris *brûlée* car le participe passé s'accorde, lorsqu'il y a plusieurs termes, avec le dernier terme du sujet, « la grange », donc au féminin singulier.

4. Entourez la bonne réponse parmi celles qui sont proposées après le texte :

Les premiers cyclistes étaient .... (a) à la recherche d'un équipier qui était .... (b) en queue de peloton. Ils avaient été .... (c) pour le départ. Celui-ci était .... (d) sous deux minutes qui allaient vite être .... (e).

a) parti – partie – partis

b) restée – restés – resté

c) retardée – retardé – retardées – retardés

d) annoncé – annoncés
e) passé – passés – passées

Réponses :
Tous les participes passés s'accordent en genre et en nombre avec le sujet : **1 :** a) *inscrites* ; b) *devenue* ; c) *embarrassés* ; d) *parvenues* ; e) *tolérée* ; f) *prises.* **2 :** a) *fleuries* ; b) *recommandés* ; c) *appréciés* ; d) *adulées* ; e) *choisies* ; f) *calculés.* **3 :** 1. b) ; 2. a) ; 3. b) ; 4. a). **4 :** a) *partis* ; b) *resté* ; c) *retardés* ; d) *annoncé* ; e) *passées.*

Le participe passé employé avec l'auxiliaire « avoir »

Le participe passé des verbes conjugués avec l'auxiliaire « avoir » s'accorde en genre et en nombre avec le complément d'objet direct (COD) si celui-ci est placé avant le verbe.

- Les fleurs que j'ai *cueillies* sont des tulipes.

J'ai cueilli quoi ? « que », COD ayant pour antécédent « les fleurs », placé avant le verbe, donc accord avec celui-ci au féminin pluriel.

Si le complément d'objet direct (COD) est placé après le verbe ou s'il n'y a pas de complément d'objet direct, le participe passé demeure invariable.

- J'ai *restauré* ces vieux tableaux l'an dernier.

Le COD « ces vieux tableaux » est placé après le verbe, donc le participe passé est invariable.

• Craignant son autorité, elles n'ont pas *bronché*. Le verbe n'ayant pas de COD, son participe passé est invariable.

Testez-vous !

1. Cochez la phrase mal orthographiée :
☐ a) Ils ont reconnu qu'ils avaient fait une erreur.
☐ b) Ils ont reconnu une erreur qu'ils avaient fait.
☐ c) Cette erreur faite hier, ils l'ont reconnue.

2. Accordez les participes passés dans les pointillés : Les nouvelles policières qu'ils m'ont prêté... ont été lu... par la classe. Celle-ci a été enthousiasmé... par ces courtes histoires qui avaient été choisi... en conséquence. Les étudiants ont apprécié... les chutes de chacune d'elles, qui avaient été peaufiné... par l'auteur. Ce dernier les avait imaginé... avant même d'écrire l'ensemble des textes.

3. Répondez par « oui » ou par « non » selon que les phrases sont ou ne sont pas bien orthographiées :
a) Elle n'a pas aimé les revues qu'on lui a prêtée .... oui/non
b) Il a rassemblé les vêtements qu'il a ensuite portés au pressing .... oui/non
c) La pie qu'elle a vue l'a narguée .... oui/non

d) Les fax qu'on a reçus sont illisibles .... oui/non
e) Les documents qu'on nous a envoyés nous ont renseignés sur la stratégie de nos concurrents .... oui/non
f) Les mesures qui ont été prises n'ont servies à rien .... oui/non
g) Elle n'a pas rendue la voiture qu'elle avait louée .... oui/non
h) Les arguments qu'elles ont développés ont disculpés les présumés coupables .... oui/non

4. Cochez le bon raisonnement dans chacune des phrases suivantes :

1) *Elle lui a (payer)... la robe qu'elle lui a (commander)...*

☐ a) J'écris *payé* car le COD est placé après le verbe, et *commandé*, invariable car la relative n'a pas de COD.

☐ b) J'écris *payé* car le COD est placé après le verbe, et *commandée* car il s'accorde avec le pronom relatif « qu' », ayant pour antécédent « la robe », donc au féminin singulier.

☐ c) J'écris *payée* car le COD « lui », ayant pour antécédent « elle », est placé avant le verbe, et *commandée* car il s'accorde avec le pronom relatif « qu' », mis pour « la robe », donc au féminin singulier.

2) *Merci beaucoup pour l'éphéméride que vous m'avez (offrir).*

☐ a) J'écris *offert* car le COD « que », ayant pour antécédent « éphéméride », est placé avant le verbe et « éphéméride » est du genre masculin.

☐ b) J'écris *offerte* car le COD « que », ayant pour antécédent « éphéméride », est placé avant le verbe et « éphéméride » est du genre féminin.

☐ c) J'écris *offert* car « m' », placé avant le verbe, est complément d'objet indirect, donc le participe passé demeure invariable.

3) *L'antidote et les panacées que le médecin a (prescrire).*

☐ a) J'écris *prescrits* car le COD « que », ayant pour antécédent « l'antidote » (n.m.) et « les panacées » (n.f.), est placé avant le verbe.

☐ b) J'écris *prescrites* car le COD « que », ayant pour antécédent « l'antidote et les panacées » est placé avant et que ces deux mots sont du féminin.

☐ c) J'écris *prescrit* invariable car le participe passé s'accorde avec le sujet « médecin ».

4) *Ces hymnes patriotiques, il les a (écouter) souvent.*

☐ a) J'écris *écouté* car ce participe passé s'accorde avec le sujet « il ».

☐ b) J'écris *écoutés* car ce participe passé s'accorde avec le COD « les », ayant pour antécédent « ces hymnes patriotiques » placé avant le verbe, donc au masculin pluriel.

☐ c) J'écris *écoutées* car ce participe passé s'accorde avec le COD « les », ayant pour antécédent « ces hymnes patriotiques », qui est féminin pluriel.

Réponses :
1 : b). Il fallait écrire *faite* puisque le COD « qu' », ayant pour antécédent « une erreur », est placé avant le verbe, entraînant l'accord du participe. **2 :** *prêtées*, *lues*, *enthousiasmée*, *choisies*, *apprécié*, *peaufinées*, *imaginées*. **3 :** a) non. Il fallait écrire *prêtées* (accord avec le COD « qu' » ayant pour antécédent « les revues », placé avant le verbe) ; b) oui ; c) oui ; d) oui ; e) oui ; f) non. Il fallait écrire *servi* car il n'y a pas de COD ; g) non. Il fallait écrire *rendu* car le COD, « la voiture », est placé après ; h) non. Il fallait écrire *disculpé* car le COD, « les présumés coupables », est placé après le verbe. **4 :** 1. b) ; 2. b) ; 3. a) ; 4. b) car hymne – patriotique – est du genre masculin, hymne au sens religieux est féminin.

CAS PARTICULIER : QUAND LE COD EST SOUS-ENTENDU

Les participes passés *dit*, *dû*, *cru*, *su*, *voulu*, *permis*, *pensé*, *prévu* demeurent invariables lorsqu'un

complément d'objet direct est sous-entendu, sous la forme d'un infinitif ou d'une proposition.

- Il a apporté les éclaircissements qu'il avait *dit.*
  Sous-entendu : « ... qu'il apporterait ».
- Il a accompli toutes les actions qu'il a *voulu.*
  Sous-entendu : « ... accomplir ».
- Voilà toutes les sorties qu'on lui a *permis.*
  Sous-entendu : « ... de faire ».

Remarque : le participe passé du verbe « pouvoir », *pu*, est toujours invariable.

Voir aussi p. 56 (« Le participe passé précédé de "que" et suivi d'une proposition à l'infinitif ») et p. 96 (« L'accord du participe passé avec le pronom neutre "l'" »).

Testez-vous !

1. Complétez les phrases suivantes :

a) Ce sont textuellement les mots qu'il a dit...
b) Nous avons reçu les informations qu'il avait dit...
c) Elle n'a pas obtenu les résultats brillants qu'elle avait cru...
d) Ils ont été cru... parce qu'ils disaient la vérité.
e) Pour le sortir de cet endroit périlleux, les sauveteurs ont fait tous les efforts qu'ils ont pu...
f) Comment ma valise a-t-elle pu... aller au Caire alors que je partais pour Hongkong ?

2. Cochez la phrase correctement orthographiée :

☐ a) A-t-il fait au premier semestre tous les efforts qu'il aurait dus ?

☐ b) Je lui ai donné tous les livres que j'ai voulu.

☐ c) Pour ce qui est des vilaines rumeurs qui ont courues, elles les ont sues très vite.

3. Complétez par les participes passés des verbes proposés :

Dans l'ordre : savoir, valoir, penser, prévoir, devoir, croire.

a) Les leçons qu'ils ont .... leur ont .... une excellente note.

b) Que ce raccourci leur ferait gagner du temps, c'est ce qu'ils ont .... en voyant l'orage qui arrivait.

c) Ce ne sont pas les indemnités qu'avait .... le contrat, ni le salaire qu'on aurait .... lui verser.

d) C'est le discours du président qu'ils avaient d'abord ....

4. Cochez le participe passé qui est toujours invariable :

☐ cru

☐ pu

☐ valu

☐ prévu
☐ su

Réponses :
1 : a) *dits* ; b) *dit* (sous-entendu « ... qu'il donnerait ») ; c) *cru* (sous-entendu « ... obtenir ») ; d) *crus* ; e) et f) *pu* (invariable). **2 :** b) (sous-entendu : « ... lui donner »). Il fallait écrire : a) *dû* (sous-entendu « ... faire ») et c) *couru* (pas de COD placé avant, donc le participe passé est invariable). **3 :** a) *sues*, *valu* ; b) *pensé* ; c) *prévues*, *dû* ; d) *cru*. **4 :** *pu*.

LES VERBES COMPLÉTÉS PAR UN COMPLÉMENT CIRCONSTANCIEL

Il ne faut pas confondre complément circonstanciel et COD. Quelques verbes comme *coûter*, *peser*, *marcher*, *courir*, *dormir*, *régner*, *valoir*, *vivre*, *durer* peuvent être construits avec des compléments circonstanciels (de temps, de prix, de quantité, de durée...). Ces compléments répondent aux questions « combien ? », « comment ? », « durant combien de temps ? » etc. **Dans ce cas, le participe passé reste invariable.**

• Les six euros que ce kilo de pommes a *coûté*.
Ce kilo de pommes a coûté combien ? « que », ayant pour antécédent « les six euros », est com-

plément circonstanciel de prix de *coûté*, donc ce dernier reste invariable.

• Les quatre kilomètres qu'il a *marché*.

Il a marché combien, quelle distance ? « qu' », ayant pour antécédent « les quatre kilomètres », est complément circonstanciel de mesure de *marché*, donc ce dernier reste invariable.

• Les trente années qu'il a *régné*.

Il a régné combien de temps ? « qu' », ayant pour antécédent « les trente années », est complément circonstanciel de temps de *régné*, donc ce dernier reste invariable.

• Les trois nuits qu'il a *dormi*.

Il a dormi combien de nuits ? « qu' », ayant pour antécédent « les trois nuits », est complément circonstanciel de temps de *dormi*, donc ce dernier reste invariable.

• Les cinquante kilos qu'elle a *pesé* jadis.

Elle a pesé combien ? « qu' », ayant pour antécédent « les cinquante kilos », est complément circonstanciel de poids de *pesé*, donc ce dernier reste invariable.

• Les soixante-dix années qu'il a *vécu*.

Il a vécu combien de temps ? « qu' », ayant pour antécédent « les soixante-dix années », est complément circonstanciel de temps, de durée de *vécu*, donc ce dernier reste invariable.

Remarque : en revanche lorsque ces verbes sont employés avec un complément d'objet direct, leur participe passé est variable. Le COD répond alors à la question « qui ? » ou « quoi ? ».

• Les gros efforts que cette opération nous a *coûtés*.

Coûter quoi ? des efforts. « Les gros efforts » est donc COD.

• La reconnaissance que cette réussite m'a *value*.

Valoir quoi ? la reconnaissance : « la reconnaissance » est COD.

• Les multiples dangers que nous avons *courus*.

Courir quoi ? les dangers : « les multiples dangers » est COD.

• La belle époque en Angleterre qu'il a *vécue*.

Vivre quoi ? la belle époque : « la belle époque » est COD.

Testez-vous !

1. Cochez la (les) proposition(s) bien orthographiée(s) :

☐ a) Que de peines m'ont coûtées ces tristes jours de deuil !

☐ b) Il manque dans le porte-monnaie les vingt euros que ces magazines m'ont coûté.

☐ c) Moi qui ai quatre-vingts ans, cela m'a coûtée d'aller lui rendre visite si loin.

2. Cochez la réplique bien orthographiée :

Bernard dit à Jean-Pierre :

☐ a) « Tout bien pesé, les félicitations que ces ouvrages nous ont valu expliquent qu'ils ont bien marché. »

☐ b) « Tout bien pesé, les félicitations que ces ouvrages nous ont valus expliquent qu'ils ont bien marchés. »

☐ c) « Tout bien pesé, les félicitations que ces ouvrages nous ont values expliquent qu'ils ont bien marché. »

3. Soulignez les participes passés bien accordés dans le texte suivant :

Les quatre kilomètres qu'ils avaient courus, les quatre cents mètres qu'ils avaient marché, pour rejoindre les vestiaires, le peu d'heures qu'ils avaient dormi avant l'épreuve, les efforts que leur avaient coûtés les nombreuses compétitions de la saison et la discipline de fer qui avait régné, durant l'entraînement, expliquaient l'état d'épuisement des athlètes.

4. Cochez la phrase mal orthographiée :

☐ a) Elle a apprécié les belles années qu'elle a vécues en Provence.

☐ b) Elle a apprécié les moments de bonheur qu'elle a passé en Provence.

☐ c) Elle a apprécié la tranquillité qui a régné lors de son séjour en Provence.

Réponses :
1 : a) ; b). Il fallait écrire c) *coûté* (car « m' » est complément d'objet indirect et non COD placé avant le verbe). **2 :** c) *values* s'accorde avec le pronom relatif COD « que », ayant pour antécédent « les félicitations », placé avant le verbe, et *marché* reste invariable car il n'a pas de COD. **3 :** *marché*, *dormi*, *coûtés*, *régné* ; faux : *courus*, il fallait écrire *couru* car « quatre kilomètres » est complément circonstanciel de mesure et non COD. **4 :** b) Il fallait écrire : *passés*. Le participe passé s'accorde avec le pronom relatif COD « qu' » placé avant le verbe, ayant pour antécédent « les moments de bonheur », donc au masculin pluriel.

LE PARTICIPE PASSÉ SUIVI D'UN ATTRIBUT DU COD

Le participe passé suivi d'un attribut du complément d'objet direct (COD) s'accorde avec celui-ci s'il est placé avant le verbe.

- Ces animaux qu'il avait *crus* morts.

Crus est suivi de « morts », attribut du COD « qu' » ayant pour antécédent « ces animaux », entraînant l'accord au masculin pluriel.

• Les films qu'elles ont *trouvés* drôles.
Trouvés est suivi de « drôles », attribut du COD « qu' » ayant pour antécédent « les films », entraînant l'accord au masculin pluriel.
• Elle était si excitée qu'on l'aurait *crue* folle.
Crue est suivi de « folle », attribut du COD « l' » mis pour « elle », entraînant l'accord au féminin singulier.
• Ces cadeaux, il les aurait *préférés* plus fonctionnels.
Préférés est suivi de « fonctionnels », attribut du COD « les » mis pour « ces cadeaux », entraînant l'accord au masculin pluriel.

Remarque : l'accord paraît logique et c'est l'usage normal aujourd'hui ; cependant, certaines grammaires acceptent encore l'invariabilité des participes dans ce cas.

Testez-vous !

1. Cochez les phrases bien orthographiées :

☐ a) Les infirmières étaient heureuses de voir guéris ces patients qu'elles avaient crus perdus.

☐ b) Ces planisphères, ils les auraient voulues plus lisibles.

☐ c) Le frère et la sœur qu'ils ont élevés ont quitté la région.

☐ d) Elle était tellement persuadée d'avoir raison qu'elle a par la suite cruellement déchanté.

☐ e) On a rendu à cette femme les clés qu'elle avait égarée et l'écharpe qu'elle avait perdue à la réception.

☐ f) Que j'aie payé mes achats ou que je ne les aie pas payés fait une grosse différence pour le commerçant.

2. Une phrase sur deux est bien orthographiée. Cochez-la :

1) ☐ a) Nous avons ri des gesticulations que l'artiste a fait.

☐ b) Nous avons ri des gesticulations que l'artiste a faites.

2) ☐ a) Sa société a mieux surmonté la crise que la mienne ne l'a fait.

☐ b) Sa société a mieux surmonté la crise que la mienne ne l'a faite.

3) ☐ a) Annick et moi qui suis sa sœur, nous sommes restées à La Baule tout l'été.

☐ b) Annick et moi qui suis sa sœur, nous sommes resté à La Baule tout l'été.

4) ☐ a) Quelle réaction auriez-vous eue devant Delphine si vous l'aviez vue déguisée en fée Carabosse ?

☐ b) Quelle réaction auriez-vous eu devant Delphine si vous l'aviez vu déguisée en fée Carabosse ?

5) ☐ a) Voici la porte qu'ils ont fracturée et la pièce qu'ils ont saccagée.
☐ b) Voici la porte qu'ils ont fracturée et la pièce qu'ils ont saccagées.

Réponses :
1 : a) ; c) ; d) ; f). Faux : b) *planisphères* étant masculin, le participe passé doit s'écrire *voulus* ; e) : il fallait écrire *égarées*, car le participe passé s'accorde avec « qu' », ayant pour antécédent « les clés », féminin pluriel. **2 :** 1. b) ; 2. a) ; 3. a) ; 4. a) : 5. a).

LE PARTICIPE PASSÉ PLACÉ ENTRE DEUX « QUE » OU ENTRE « QUE » ET « QUI »

Le participe passé précédé du pronom relatif « que » et suivi de la conjonction de subordination « que » est :
- Invariable si « que » est COD d'un verbe placé après le participe passé :

• Les affiches électorales que nous avions *prévu* que vous posiez.
Nous avions *prévu* quoi ? que vous posiez « que », ayant pour antécédent « les affiches électorales » ; le COD de *prévu* est une proposition complétive

placée après le verbe donc le participe passé reste invariable.

• C'est le dernier roman d'Amélie Nothomb, qu'elle a *demandé* qu'on vous offre.

Elle a demandé qu'on vous offre quoi ? « qu' » ayant pour antécédent « le dernier roman d'Amélie Nothomb » ; le COD de *demandé* est une proposition complétive placée après le verbe donc le participe passé reste invariable.

- **Variable si « que » est COD du participe :**

• Voici les personnes que j'ai informées que je partirai demain.

J'ai informé qui ? « que », pronom relatif COD placé avant le verbe, ayant pour antécédent « les personnes », d'où l'accord au féminin pluriel.

- **Invariable s'il est précédé de « que » et suivi de « qui » :**

• Les expositions que j'avais *imaginé* qui se dérouleraient en mai.

J'avais imaginé quoi ? que « les expositions se dérouleraient en mai ».

Testez-vous !

1. Cochez les phrases bien orthographiées :

☐ a) C'est cette maladie que les médecins ont déclaré qu'ils enrayeraient.

☐ b) La mauvaise note que j'avais craint que le professeur donne à mon devoir.

☐ c) Où sont les dossiers que tu m'as dit que tu m'avais adressé ?

2. Choisissez l'accord qui convient :

1) *C'est l'eau-de-vie de cerises que j'ai.......... moi-même que vous allez goûter.*

☐ a) cueillies

☐ b) cueillie

☐ c) cueilli

2) *Les éphémérides qu'elle a constaté que vous aviez.......... de votre catalogue étaient très utiles à la clientèle.*

☐ a) ôté

☐ b) ôtées

☐ c) ôtés

3) *Voici les encyclopédies que j'ai.......... que les libraires exposaient.*

☐ a) vu

☐ b) vus

☐ c) vues

4) *Les résultats qu'elles ont......... et qui les ont......... ont laissé leur entourage admiratif.*

☐ a) obtenus – ravies

☐ b) obtenu – ravi

☐ c) obtenues – ravies

Réponses :

1 : a) ; b). c) est fautif, car *adressé* doit s'accorder avec le COD, le pronom relatif « que », placé avant le verbe, et ayant pour antécédent « les dossiers » ; donc accord au masculin pluriel : *adressés*. **2 :** 1. a) ; 2. b) (*éphémérides* est du genre féminin) ; 3. a) ; 4. a).

Voir aussi le chapitre Cas particuliers, p. 89.

Le participe passé suivi d'un infinitif

Le participe passé suivi d'un infinitif s'accorde avec le complément d'objet direct si celui-ci, placé avant le verbe, fait l'action du verbe à l'infinitif.

- Les nageuses que j'ai *vues* plonger.

Le COD « que » placé avant le verbe, ayant pour antécédent « les nageuses », fait l'action de plonger, donc le participe passé *vues* s'accorde au féminin pluriel. On aurait pu dire : « J'ai vu les nageuses en train de plonger. »

- Je les ai *laissés* prendre le temps de se retrouver.

Le COD « les » placé avant le verbe fait l'action de prendre, donc le participe passé *laissés* s'accorde au masculin pluriel. On aurait pu dire : « J'ai laissé "les" (eux) prendre... » (Si « les » avait représenté un nom féminin, on aurait écrit *laissées*.)

• Les spectateurs que j'ai *entendus* applaudir le spectacle.

Le COD « que » placé avant le verbe, ayant pour antécédent « les spectateurs », fait l'action d'applaudir, donc le participe passé *entendus* s'accorde au masculin pluriel. On aurait pu dire : « J'ai entendu les spectateurs en train d'applaudir. »

Le participe passé demeure invariable dans les autres cas, notamment quand le COD, placé devant le verbe à l'infinitif, ne fait pas mais au contraire subit l'action exprimée par l'infinitif.

• Ces airs que j'ai *entendu* jouer.

Le COD « que » ayant pour antécédent « ces airs » ne fait pas l'action de jouer mais la subit. Le participe passé *entendu* est donc invariable.

• Ces sœurs, Nicolas les a *laissé* injurier par des voyous.

Le COD « les » placé avant le verbe, mis pour « ces sœurs », ne fait pas l'action du verbe à l'infinitif injurier mais au contraire la subit. Par conséquent, *laissé* reste invariable.

• Les courriers que j'ai *vu* distribuer.

Le COD « que » ayant pour antécédent « les courriers » ne fait pas l'action de distribuer mais la subit. Le participe passé *vu* est donc invariable.

Testez-vous !

1. Complétez par l'accord qui convient :
Ce sont des pommes golden que j'ai vu... tomber des arbres et que les enfants ont ramassé... Ils sont allé... prendre des cageots, les ont hissé... sur le camion, puis je les ai vu... prendre la direction du centre-ville. Les prix que je les ai vu... pratiquer sur le marché n'ont pas effrayé... les clients, qui ont vu... s'emplir leurs paniers de beaux fruits à des prix raisonnables.

2. Cochez les phrases bien orthographiées :
- ☐ a) Voici les pâtissiers que j'ai vus confectionner des pièces montées.
- ☐ b) Ce sont ces chansons que j'ai entendues jouer.
- ☐ c) Ce sont les garçons que j'ai emmenés visiter le musée.

3. Cochez les phrases bien orthographiées :
- ☐ a) J'ai acheté les nappes que j'ai vues broder par les jeunes femmes du pays.
- ☐ b) Les prisonniers que j'ai vus s'évader étaient de grands criminels.
- ☐ c) C'est une nouvelle chanson que j'ai entendu interpréter par mon artiste préféré.

4. Cochez les phrases bien orthographiées :

☐ a) Cette encyclopédie, je la lui ai vu offrir par son oncle à Noël.

☐ b) Ce sont des chocolats que je les avais vus croquer à belles dents.

☐ c) Cette jolie robe bleue, tu la lui avais vue porter déjà l'an dernier.

Réponses :

1 : *vues* (les pommes font l'action de tomber, donc *vues* s'accorde) ; *ramassées* (accord avec le pronom « que », ayant pour antécédent « les pommes », donc au féminin pluriel) ; *allés* (accord avec le sujet « ils », donc au masculin pluriel) ; *hissés* (accord avec le pronom COD « les », mis pour « les cageots », donc au masculin pluriel) ; *vus* (le sujet du verbe à l'infinitif est « les », mis pour « les enfants » : ce sont eux qui font l'action de prendre [la direction]) ; *vus* (le sujet du verbe à l'infinitif est « les », mis pour « les enfants », ce sont eux qui font l'action de pratiquer) ; *effrayé* (pas d'accord car le COD « les clients » est placé après le verbe) ; *vu* (pas d'accord car le COD « leurs paniers » est placé après le verbe). **2 :** a) et c). Il fallait écrire : b) Ce sont ces chansons que j'ai *entendu* jouer (les chansons ne font pas l'action de jouer mais la subissent, donc *entendu* reste invariable). **3 :** b) et c). Il fallait écrire : a) que j'ai *vu* broder (car les nappes subissent l'action du verbe à l'infinitif « broder »). **4 :** a) et b). Il fallait écrire : c) tu la lui avais *vu* porter (la robe subit l'action du verbe à l'infinitif « porter »).

SE LAISSER, *SE VOIR*, *SE SENTIR* SUIVIS D'UN VERBE À L'INFINITIF

Les participes passés des verbes « laisser », « voir », « sentir » employés à la forme pronominale s'accordent si le sujet du verbe à l'infinitif fait l'action :

• Ils se sont *laissés* tomber.

Le sujet « ils » fait l'action de tomber, donc le participe passé *laissés* s'accorde.

• Elles se sont *senties* défaillir.

Le sujet « elles » fait l'action de défaillir, donc le participe passé *senties* s'accorde.

• Ils se sont *vus* marcher dans les landes irlandaises.

Le sujet « ils » fait l'action de marcher, donc *vus* s'accorde.

Dans le cas contraire, ils demeurent invariables.

• Ils se sont *laissé* couper les cheveux.

Le sujet « ils » ne fait pas l'action de couper : c'est un éventuel coiffeur qui coupe les cheveux à « ils », donc le participe passé *laissé* reste invariable.

• Elles se sont *senti* charmer par ce prodigieux spectacle.

Le sujet « elles » ne fait pas l'action de charmer : c'est « le prodigieux spectacle » qui charme

« elles », donc le participe passé *senti* reste invariable.

• Ils se sont *vu* prendre tous leurs biens par les ennemis.

Le sujet « ils » ne fait pas l'action de prendre : ce sont « les ennemis » qui prennent « les biens », donc le participe passé *vu* reste invariable.

Remarque : certaines grammaires admettent la variabilité ou l'invariabilité du participe passé dans ce cas.

Testez-vous !

1. Cochez la phrase mal orthographiée :

☐ a) Quand ils se sont vu perdre la bataille, ils ont préféré renoncer.

☐ b) Ils se sont vu traîner devant les tribunaux par la famille de la victime.

☐ c) Elle s'est vu refouler à cette soirée car elle n'avait pas de carton d'invitation.

2. Cochez la phrase mal orthographiée :

☐ a) La troupe s'est laissé prendre par surprise.

☐ b) Au cours du match, nos joueurs ne se sont pas laissé faire par l'équipe adverse.

☐ c) Elle s'est laissé glisser sur le toboggan.

Réponses :
1 : a). Il fallait écrire : ils se sont *vus* perdre la bataille (ce sont eux qui font l'action de perdre). **2 :** c). Il fallait écrire : elle s'est *laissée* glisser (c'est elle qui fait l'action de glisser).

FAIT SUIVI D'UN INFINITIF

Le participe passé *fait* suivi d'un infinitif est invariable, qu'il soit employé avec « avoir » ou à la forme pronominale.

Avec « avoir » :

- Tu les as *fait* parler.
- C'est l'émotion que l'artiste a *fait* naître chez les spectateurs.
- C'est la présidente de cette société qu'ils ont *fait* accuser.
- Ce sont les automobilistes qu'ils ont *fait* ralentir.

À la forme pronominale :

- Ils se sont *fait* tailler des costumes prince-de-galles.
- Elles se sont *fait* remarquer à cette soirée.
- C'est la montre que je me suis *fait* offrir.
- Voici les passe-droits qu'ils se sont *fait* attribuer.

Remarque : dans les cas suivants, le participe passé *fait* s'accorde car il n'est pas suivi d'un infinitif :

• Ils se sont *faits* les défenseurs de cette espèce de rapaces en voie de disparition.
Faits est suivi d'un nom, « défenseurs », attribut du COD « se », donc s'accorde au masculin pluriel.
• Elles se sont *faites* élégantes pour assister à la course hippique.
Faites est suivi d'un adjectif, « élégantes », attribut du COD « se », mis pour « elles », donc s'accorde au féminin pluriel.

Testez-vous !

1. Complétez les pointillés avec l'accord du participe passé *fait* qui convient :
a) Voici les cocottes en papier qu'ils ont fait...
b) Les nouvelles idées que cet orateur a fait... naître dans les esprits ont troublé certains participants.
c) Il y a deux femmes rescapées : je leur ai fait... raconter l'accident dans les moindres détails.
d) Comment ces prisonniers ont-il fait... pour s'évader ?
e) Deux et deux ont toujours fait... quatre.

2. Entourez les participes passés mal accordés dans ce texte :
Les rideaux somptueux qu'ils ont faits raccourcir et les coussins de soie qu'ils ont faits nettoyer au pres-

sing étaient un don de leur tante qui les avait faits elle-même, puis qui avait pensé les leur offrir. Cette tante disposait d'économies qu'elle semblait avoir faites jadis en plaçant de l'argent dans l'immobilier par le biais d'une jeune femme faite à sa main, qu'elle avait chargée de ses placements. D'autres propositions financières lui avaient été faites, mais elle les avait refusées, n'ayant confiance que dans la pierre.

3. Cochez la phrase bien orthographiée :
- ☐ a) Voici la dent qu'il s'est faite retirer.
- ☐ b) Elle s'est faite belle pour aller à cette soirée.
- ☐ c) Elle s'est faite interpeller par la police.

4. Cochez la phrase bien orthographiée :
- ☐ a) Ils se sont faits les ardents défenseurs de cette minorité.
- ☐ b) Ils se sont faits manipuler par cet escroc.
- ☐ c) Ils se sont faits appeler par leur prénom.

5. Accordez le participe passé *fait* quand cela est nécessaire :

a) Ils se sont fait... battre à plate couture par l'équipe adverse.

b) Elles se sont fait... une soirée entre filles.

c) Mes tantes se sont fait... fées pour m'offrir ce voyage.

d) Ces patrons se sont fait... violemment épingler par la presse.
e) Elle s'est fait... refaire le nez.

Réponses :
1 : a) *faites* ; b), c), d), e) : *fait*. **2 :** Il fallait entourer : *fait* (raccourcir) ; *fait* (nettoyer) qui demeurent invariables car suivis d'un verbe à l'infinitif. **3 :** b). Il fallait écrire : a) Voici la dent qu'il s'est *fait* retirer, c) Elle s'est *fait* interpeller par la police (*fait* suivi d'un infinitif est invariable). **4 :** a). Il fallait écrire : b) Ils se sont *fait* manipuler par cet escroc, c) Ils se sont *fait* appeler par leur prénom (*fait* suivi d'un infinitif est invariable). **5 :** a) *fait* (suivi de l'infinitif « battre », donc invariable) ; b) *fait* (suivi et non pas précédé du COD « une soirée », donc invariable) ; c) *faites* (précédé du pronom « se » COD, ayant pour antécédent « mes tantes », s'accorde au féminin pluriel) ; d) *fait* (suivi de l'infinitif « épingler » précédé lui-même de l'adverbe « violemment », donc invariable) ; e) *fait* (suivi de l'infinitif « refaire », donc invariable).

LE PARTICIPE PASSÉ PRÉCÉDÉ DE « QUE » ET SUIVI D'UNE PROPOSITION À L'INFINITIF

Le participe passé précédé du pronom relatif « que » et suivi d'une proposition à l'infinitif est invariable.

• Voici ces BD qu'on m'a *dit* être très décapantes.
Dit, précédé de « qu' » et suivi d'une infinitive (« être très décapantes »), reste invariable.

• Ce sont les infirmières qu'on a *déclaré* être de garde ce soir.
Déclaré, précédé de « qu' » et suivi d'une infinitive (« être de garde »), reste invariable.

• Les informations que les journalistes eux-mêmes ont *cru* être vraies étaient en réalité totalement inventées.
Cru, précédé de « que » et suivi d'une infinitive (« être vraies »), reste invariable.

Testez-vous !

Cochez la case correspondant au raisonnement correct :

1. *J'ai consulté ces médecins qu'on m'a (dire) être très judicieux.*

☐ a) J'accorde *dits* avec « qu' », ayant pour antécédent « ces médecins », donc au masculin pluriel.

☐ b) *dit*, précédé de « qu' » et suivi d'une infinitive (« être très judicieux »), demeure invariable.

2. *Dans cette affaire, ce sont ces présumés coupables qu'on a (déclarer) être innocents.*

☐ a) *déclaré* précédé de « qu' » et suivi d'une infinitive (« être innocents ») demeure invariable.

☐ b) J'accorde *déclarés* avec le COD « qu' » placé avant le verbe, ayant pour antécédent « ces présumés coupables », donc au masculin pluriel.

☐ c) *déclaré* reste invariable car le complément d'objet second, la proposition infinitive « être innocents dans cette affaire », est placé après le verbe.

3. *Les tableaux de Matisse que les experts eux-mêmes avaient (croire) être véritables n'étaient que des copies.*

☐ a) J'accorde *crus* avec le COD « qu' » placé avant le verbe, mis pour « les experts eux-mêmes », donc au masculin pluriel.

☐ b) *cru* est précédé de « que » et suivi d'une infinitive (« être véritables »), donc demeure invariable.

☐ c) J'accorde *crus* car « que », ayant pour antécédent « les tableaux de Matisse », est un COD placé avant le verbe.

Réponses :
1. b) ; 2. a) ; 3. b).

QUAND UNE PRÉPOSITION SE PLACE ENTRE LE PARTICIPE ET LE VERBE À L'INFINITIF

Quand une préposition (« à » ou « de ») est placée entre le participe passé et le verbe à l'infinitif, le participe passé s'accorde avec le COD, s'il est placé avant.

Truc : insérer le COD entre la préposition et le verbe à l'infinitif.

- Ce sont les tissus que je lui ai *portés* **à** tailler.

J'ai *porté* quoi ? « les tissus », COD, à tailler.

- Quelle joie j'ai *eue* **à** les revoir !

J'ai *eu* quoi ? « quelle joie », COD, à les revoir.

- Ce sont les spectateurs sans billet que l'on a *empêchés* **d'**entrer.

On a *empêché* qui ? « les spectateurs sans billet », COD, d'entrer.

Si le complément se rapporte à l'infinitif, le participe passé reste invariable.

Truc : insérer le COD avant la préposition et le verbe à l'infinitif et, d'après le sens, conclure si le complément se rapporte ou pas à l'infinitif.

- Les pierres précieuses qu'ils ont *eu* à sertir.

On n'a pas « eu » les pierres précieuses, on a *eu à sertir* les pierres précieuses.

• Les dangers qu'ils ont *eu* à éviter.
Ils n'ont pas « eu » les dangers, ils ont *eu à éviter* les dangers.

• Les quatre mille mètres qu'ils ont *eu* à courir le long du stade.
Ils n'ont pas « eu » les quatre mille mètres, ils ont *eu à courir* les quatre mille mètres.

Tolérance : lorsque la distinction est infime, certaines grammaires acceptent la variabilité ou l'invariabilité.

Testez-vous !

1. Cochez la phrase correctement orthographiée :
☐ a) Ce sont les manteaux et les jupes qu'on lui a porté à raccourcir.
☐ b) Quelle tristesse j'ai eu à les voir partir !
☐ c) C'est cette vieille femme que l'on a retenue de tomber.

2. Cochez la phrase correctement orthographiée :
☐ a) Quelle indignation ils ont ressenti à voir ces innocents accusés.
☐ b) Ce sont les bulbes de crocus qu'on lui a donnés à planter.
☐ c) C'est ce garçon inintéressant qu'elle a renoncée à fréquenter.

3. Cochez la case correspondant au bon raisonnement :
1) *Voici les tableaux et les affiches qu'ils ont (avoir) à accrocher.*
☐ a) *eu :* on n'a pas *eu* les tableaux et les affiches, on a *eu à accrocher* les tableaux et les affiches, donc *eu* est invariable.
☐ b) *eus* : s'accorde avec le COD « qu' » placé avant le verbe, ayant pour antécédent « les tableaux et les affiches », donc au masculin pluriel.
☐ c) *eues* s'accorde avec le COD « qu' » placé avant le verbe, ayant pour dernier antécédent « les affiches », donc au féminin pluriel.

2) *Les cent kilos de pommes qu'ils ont (avoir) à récolter.*
☐ a) *eus* s'accorde avec le COD « qu' » placé avant le verbe, ayant pour antécédent « les cent kilos de pommes », donc au masculin pluriel.
☐ b) *eu*, car « ils » n'ont pas *eu* les cent kilos de pommes, ils ont *eu à récolter* les cent kilos de pommes, donc *eu* est invariable.
☐ c) *eues* s'accorde avec le COD « qu' » placé avant le verbe, ayant pour dernier antécédent « pommes », donc au féminin pluriel.

Réponses :
1 : c). **2 :** b). **3 :** 1. a) ; 2. b).

Le participe passé des verbes pronominaux

« On considérera comme verbes pronominaux les verbes qui se conjuguent au moyen de deux pronoms personnels du même degré, l'un à la forme du sujet (je, tu, il, elle, nous, vous, ils, elles), l'autre sous la forme réduite de complément (me, te, se, nous, vous). »

Grammaire du français classique et moderne,
Wagner et Pinchon.

Pour savoir accorder leur participe passé, il importe avant tout de bien distinguer les différentes catégories de verbes pronominaux :

Les verbes essentiellement pronominaux
Un verbe essentiellement pronominal se reconnaît au

fait qu'il n'existe pas comme verbe transitif ou intransitif, mais uniquement sous la forme pronominale.

- Elle s'est *évanouie*

« Évanouir » n'existe pas. Le verbe « s'évanouir » n'existe que sous la forme pronominale.

Exemples :

s'absenter	s'évanouir	se méprendre
s'abstenir	s'évertuer	se pâmer
s'acharner	s'exclamer	se parjurer
s'adonner	s'extasier	se prélasser
s'ébattre	s'immiscer	se prosterner
s'ébrouer	s'ingénier	se rebeller
s'écrier	s'insurger	se rebiffer
s'efforcer	s'obstiner	se récrier
s'emparer (de)	s'opiniâtrer	se recroqueviller
s'empresser	se blottir	se réfugier
s'enfuir	se carrer	se renfrogner
s'enquérir	se chamailler	se rengorger
s'ensuivre	se dédire	se repentir
s'entraider	se démener	se soucier
s'envoler	se désister	se souvenir
s'éprendre	se gargariser	se suicider
s'esclaffer	se gausser	se tapir
s'escrimer	se lamenter	se targuer (de)...
s'évader	se méfier	

Curiosité : le verbe « s'arroger » est le seul verbe essentiellement pronominal qui soit transitif direct. Le « s' » n'est pas un complément réfléchi, mais un complément d'attribution : on arroge « à soi », et non « soi ». Le participe passé peut donc s'accorder avec un COD qui serait placé devant le verbe : « Les droits qu'ils se sont *arrogés* ». Mais : « Ils se sont *arrogé* des droits. »

Les verbes pronominaux non réfléchis

- Elle *s'est aperçue* de son erreur.

L'action d'apercevoir ne se reporte pas sur le sujet : « elle » n'a pas aperçu « s' » mis pour « elle », donc c'est un verbe non réfléchi.

Exemples :

s'apercevoir (de)	s'échapper (de)	se refuser (à)
s'attaquer (à)	s'ennuyer (de)	se saisir (de)
s'attendre (à)	se jouer (de)	se taire
s'aviser (de)	se plaindre (de)	
se douter (de)	se prévaloir (de)	

Les verbes pronominaux de sens réfléchi

Dans ces verbes, le pronom personnel réfléchi « se » renvoie au même être ou au même objet que le sujet.

- Je *me suis cognée* contre la porte.

J'ai cogné « me », c'est-à-dire « moi, ma personne » contre la porte : le sens du verbe est dit réfléchi.

• Elle *s'est maquillée* minutieusement pour se rendre à cette soirée.

C'est elle-même (« s' », mis pour « elle ») qu'elle a maquillée.

Exemples :

se laver	se regarder	se cacher
se cogner	se couper	se raser
se chausser	s'adjoindre	se coucher
se peigner	se relever	se montrer
se blesser	s'égratigner	se déshabiller...

Les verbes pronominaux de sens passif

• Les abricots *se sont* bien *vendus* cette année.

« Les abricots » (sujet) subissent l'action d'être vendus.

Exemples :

se vendre	se découdre	s'ouvrir
se consommer	se boire	se lire
s'obtenir	s'afficher	se pêcher
se déduire	s'allumer	se peler...

Les verbes pronominaux transitifs indirects et les verbes pronominaux intransitifs (qui ne peuvent avoir de COD) :

• Ces deux frères *se sont succédé* sur le trône.
On succède **à** quelqu'un, d'où l'expression « transitivité indirecte ».
• Mère et fille *se sont parlé* de leurs secrets.
On se parle, éventuellement **de** quelque chose, mais on ne se parle pas « quelque chose » ; il ne peut y avoir ici de COD.

Exemples :

s'en vouloir	se mentir	se rire (de)
s'entre-nuire	se nuire	se sourire
se complaire	se parler	se succéder
se convenir	se plaire	se suffire
se déplaire	se ressembler	

Les verbes pronominaux de sens réciproque

Dans ces verbes, l'action est accomplie par un sujet sur un autre sujet, l'un par rapport à l'autre, l'un envers l'autre.
• Ils *se sont battus* violemment.
Ils se sont battus l'un contre l'autre, réciproquement.

Exemples :

se battre	s'entre-haïr	se chercher
se disputer	s'entre-dévorer	s'appeler
s'insulter	s'entre-égorger	s'embrasser
s'injurier	s'entre-déchirer	s'entradmirer
s'entr'aimer	s'entraider	s'enlacer

ACCORD AVEC LE SUJET

Les participes passés suivants s'accordent en genre et en nombre avec le sujet du verbe.

- Ceux des verbes essentiellement pronominaux :

• Elle *s'est élancée* sur la piste du stade.

• Ils *se sont adonnés* à la sculpture.

• Elles *se sont efforcées* de rétablir le calme.

• Les oiseaux migrateurs *se sont envolés* vers les pays chauds.

• Les habitants *se sont entraidés* lors de cette catastrophe.

• Les chats *se sont réfugiés* sous la véranda.

« Élancer », « adonner », « efforcer », « envoler », « entraider » et « réfugier » n'existent pas en tant que verbes transitifs, il y a donc accord du participe passé.

- Ceux des verbes pronominaux de sens non réfléchi :

• Devant tant de mauvaise foi, ils se sont *tus.*

Le participe passé s'accorde avec le sujet « ils », donc au masculin pluriel.

- Ceux des verbes pronominaux de sens passif :

• La seconde mi-temps *s'est jouée* dans l'angoisse.

Le participe passé s'accorde avec le sujet « la seconde mi-temps ».

Testez-vous !

1. Lesquels de ces verbes n'existent pas en tant que verbes pronominaux ?

☐ partir	☐ cuisiner	☐ revenir
☐ échanger	☐ monter	☐ dormir
☐ chanter	☐ nettoyer	☐ mourir
☐ ériger	☐ planter	☐ pratiquer
☐ révéler	☐ naviguer	

2. Dans cette liste de verbes, cochez ceux qui sont essentiellement pronominaux :

☐ s'abstenir	☐ s'écrier
☐ s'allonger	☐ se rebeller
☐ s'alimenter	☐ se doucher
☐ s'envenimer	☐ se blottir
☐ s'escrimer	☐ se servir
☐ s'évader	☐ se récuser
☐ s'autoriser	☐ s'accuser
☐ se vêtir	☐ s'ingénier
☐ se raser	☐ se souvenir
☐ se désister	☐ se tapir

3. Accordez les participes passés des verbes à l'infinitif, puis entourez les verbes essentiellement pronominaux.

a) Elle s'est (éprendre).................... de ce comédien devant lequel elle s'est (extasier)....................
b) Cette mélodie qui s'était (chanter).................... jadis a été (reprendre).................... par des musiciens pop qui se sont (souvenir).................... de cet air.
c) Pourquoi les agents du fisc se sont-ils (immiscer).................... dans les comptes de cette entreprise ?
d) La tempête s'est (lever)...................., la mer s'est (déchaîner)...................., la pluie s'est (abattre).................... et les touristes se sont (tapir).................... derrière les rochers.
e) La star ne s'est pas (étonner).................... de devoir décliner son identité à l'entrée du restaurant.
f) La candidate s'est (désister).................... au profit du candidat qui s'est (trouver).................... le mieux placé au premier tour.

4. Cochez les phrases bien orthographiées :

☐ a) Les élèves se sont aperçus des progrès qu'ils avaient faits pendant le premier trimestre.

☐ b) La justice s'est attaquée à ces personnalités qui avaient monté des entreprises illicites.

☐ c) Les cambrioleurs se sont joué habilement des services de sécurité.

☐ d) Ils se sont plaints d'avoir reçu trop tard l'invitation.

☐ e) Ils se sont doutés qu'il y avait un piège dans cette question et ils se sont tus.

☐ f) Ils se sont prévalu de leur titre professionnel pour éviter la file d'attente à l'exposition.

☐ g) Les fillettes blessées lors de la catastrophe se sont mal remis.

☐ h) Les enfants se sont saisis de polochons pour faire une sacrée bataille.

☐ i) Ils se sont ennuyés à la conférence, longue et sans intérêt.

☐ j) Trois femmes détenues se sont échappées cette nuit de la prison.

☐ k) Admirative de ces peintures, elle s'est avisé d'en connaître l'auteur.

5. Cochez le raisonnement correct :

1) *Les ministres se sont (prosterner) devant la reine.*

☐ a) J'accorde *prosternés*, participe passé d'un verbe pronominal de sens réciproque, avec le pronom « se », COD ayant pour antécédent « les ministres » et placé avant le verbe, donc au masculin pluriel.

☐ b) J'accorde *prosternés*, participe passé d'un verbe essentiellement pronominal, avec le sujet « les ministres ».

☐ c) J'accorde *prosternés*, participe passé d'un verbe transitif employé pronominalement, de sens réfléchi, avec le pronom COD « se », ayant pour antécédent « les ministres » et placé avant le verbe.

2) *Ils se sont (chamailler) pour des broutilles.*

☐ a) J'accorde *chamaillés*, participe passé d'un verbe essentiellement pronominal, avec le sujet « ils », donc au masculin pluriel.

☐ b) J'accorde *chamaillés*, participe passé d'un verbe pronominal de sens passif, avec le sujet « ils ».

☐ c) J'accorde *chamaillés*, participe passé d'un verbe transitif employé pronominalement, avec le pronom « se », COD mis pour « ils » et placé avant le verbe.

6. Accordez les participes passés de ces phrases et cochez celles qui contiennent un participe passé de sens passif.

☐ a) Ce matin, les tomates se sont bien vendu... sur le marché.

☐ b) Je suis allée voir toutes les pièces qui se sont joué... cette saison au théâtre de notre ville.

☐ c) Cette tarte aux cerises sitôt faite s'est mangé... en un rien de temps.

☐ d) Les ouvriers se sont rebellé... quand ils ont appris qu'on allait fermer l'usine.

☐ e) À peine publiées, les dernières nouvelles policières de l'écrivain se sont arraché...

☐ f) Elles se sont acharné... jusqu'à obtenir leur diplôme.

☐ g) Les randonneurs se sont égaré...

☐ h) Ils se sont donné... rendez-vous à la gare.

☐ i) Les deux parties se sont concerté... avant de trancher l'affaire.

Réponses :

1 : *partir, naviguer, revenir, dormir* ne s'emploient pas pronominalement (*mourir* s'emploie pronominalement dans la forme vieillie *se mourir* : « se mourir d'amour », « le roi se meurt »). d. 2 : *s'abstenir, s'escrimer, s'évader, se désister, s'écrier, se rebeller, se blottir, s'ingénier, se souvenir, se tapir* sont essentiellement pronominaux. **3 :** Accords : a) *éprise, extasiée* ; b) *chantée, reprise, souvenus* ; c) *immiscés* ; d) *levée, déchaînée, abattue, tapis* ; e) *étonnée* ; f) *désistée, trouvé.* Verbes essentiellement pronominaux : a) *s'est éprise* et *s'est extasiée* ; b) *se sont souvenus* ; c) *se sont immiscés* ; d) *se sont tapis* ; f) *s'est désistée, trouvé.* **4 :** a), b), d), e), g), h), i), j). Il fallait écrire : c) se sont *joués* (verbe pronominal non réfléchi, accord avec le sujet « les cambrioleurs », masculin pluriel) ; f) se sont *prévalus* (verbe pronominal non réfléchi, accord avec le sujet « ils », masculin pluriel) ; g) se sont mal *remises* (verbe pronominal de sens réfléchi, accord avec le COD « se » placé avant le verbe et mis pour « les fillettes », féminin pluriel) ; k) s'est *avisée* (verbe pronominal non réfléchi, accord avec le sujet « elle », féminin singulier). **5 :** 1. b) ; 2. a). **6 :** a) *vendues* ; b) *jouées* ; c) *mangée* ; d) *rebellés* ; e) *arrachées* ; f) *acharnées* ; g) *égarés* ; h) *donné* ; i) *concertées*. Les phrases a), b), c) et e) contenaient un participe passé de sens passif.

PARTICIPES PASSÉS INVARIABLES

Les participes passés des verbes pronominaux suivants demeurent invariables.

- Ceux des verbes de sens réfléchi dont le COD est placé après le verbe :

• Elle s'est *lavé* les cheveux.

Il faut faire le raisonnement avec l'auxiliaire « avoir » : elle a lavé quoi ? « les cheveux » : le COD est placé après le verbe, donc le participe passé reste invariable. En revanche, dans l'exemple : « Elle s'est *lavée* », *lavée*, participe passé d'un verbe pronominal de sens réfléchi, s'accorde avec le pronom COD « s' » (elle a lavé qui ? « s' », mis pour « soi », donc au féminin singulier).

- Ceux des verbes intransitifs ou transitifs indi-

rects employés comme verbes pronominaux, qui ne peuvent avoir de COD :

- Les deux jeunes gens se sont *plu.*

On plaît **à** quelqu'un, donc *plu* est invariable.

- De nombreux rois se sont *succédé* sur le trône de France.

On succède **à** quelqu'un, donc *succédé* est invariable.

- Elles se sont *menti.*

On ment **à** quelqu'un, donc *menti* est invariable.

- Le participe passé du verbe « se faire », lorsqu'il est suivi d'un infinitif.

- Elles se sont *fait* connaître auprès de leurs voisins.

(Voir aussi p. 53.)

Testez-vous !

1. Dans cette liste de verbes, cochez ceux qui ne peuvent pas avoir de complément d'objet direct :

☐ plaire	☐ allumer	☐ montrer
☐ rassembler	☐ aimer	☐ soigner
☐ soumettre	☐ ressembler	☐ succéder
☐ boire	☐ nuire	☐ desceller
☐ écrire	☐ désirer	☐ inviter

2. Cochez les phrases correctement orthographiées :

- ☐ a) Dès leur première rencontre, ils se sont plus.
- ☐ b) Les touristes se sont dégourdis les jambes avant de remonter dans le car.
- ☐ c) Ces bidons se sont vidés de leur contenu.
- ☐ d) Les deux cousins se sont querellés.
- ☐ e) Les deux couples se sont invité pendant les vacances.
- ☐ f) Elle ne s'est pas doutée qu'on lui volait son porte-monnaie.
- ☐ g) En se faisant des reproches personnels lors de ce débat, ils se sont nuis.
- ☐ h) Après une longue séparation, les deux amis se sont parlés comme s'ils ne s'étaient jamais quittés.
- ☐ i) Elles se sont souries gracieusement sans se connaître.
- ☐ j) Ils se sont mentis effrontément.

3. Cochez le raisonnement correct :

1) *Les deux voyageurs se sont (convenir) et ont accepté de faire route ensemble.*

- ☐ a) Il s'agit du participe passé d'un verbe qui ne peut avoir de COD, donc qui demeure invariable : *convenu.*
- ☐ b) Il s'agit du participe passé d'un verbe essentiellement pronominal, donc qui s'accorde avec le sujet « les deux voyageurs » : *convenus.*

☐ c) Il s'agit du participe passé d'un verbe de sens réfléchi qui s'accorde avec le pronom personnel COD « se », mis pour « les deux voyageurs », placé avant le verbe : *convenus.*

2) *Les deux automobilistes venant en sens inverse se sont (percuter).*

☐ a) Il s'agit du participe passé d'un verbe pronominal de sens passif, qui s'accorde donc avec le sujet « les deux automobilistes » : *percutés.*

☐ b) Il s'agit du participe passé d'un verbe pronominal de sens réfléchi, qui s'accorde avec le pronom « se », COD placé avant le verbe, mis pour « les deux automobilistes », donc au masculin pluriel : *percutés.*

☐ c) Il s'agit du participe passé d'un verbe pronominal de sens réciproque qui s'accorde avec le pronom « se », COD placé avant le verbe, mis pour « les deux automobilistes », donc au masculin pluriel : *percutés.*

3) *En quelques secondes, les chapardeurs se sont (évanouir) dans la nature.*

☐ a) Il s'agit du participe passé d'un verbe pronominal de sens réciproque qui s'accorde avec le pronom « se », COD placé avant le verbe, mis pour « les chapardeurs », donc au masculin pluriel : *évanouis.*

☐ b) Le participe passé demeure invariable car le COD « dans la nature » est placé après le verbe : *évanoui.*

☐ c) Il s'agit du participe passé d'un verbe essentiellement pronominal qui s'accorde avec le sujet « les chapardeurs » *: évanouis.*

Réponses :

1 : *plaire* (**à** quelqu'un), *ressembler* (**à** quelqu'un), *nuire* (**à** quelqu'un), *succéder* (**à** quelqu'un). **2 :** c), d), f). Il fallait écrire : a) *plu* (verbe pronominal qui ne peut avoir de COD car on plaît **à** quelqu'un) ; b) *dégourdi* (le COD « les jambes » est placé après le verbe, qui reste donc invariable) ; e) *invités* : verbe pronominal de sens réciproque, son participe passé s'accorde avec le pronom COD « se » placé avant le verbe, mis pour « les deux couples », donc au masculin pluriel ; g) *nui* (verbe pronominal qui ne peut avoir de COD car on nuit **à** quelqu'un) ; h) *parlé* (verbe pronominal qui ne peut avoir de COD car on parle **à** quelqu'un ; en revanche dans la même phrase, *s'étaient quittés* étaient bien orthographié) ; i) *souri* (verbe pronominal qui ne peut avoir de COD car on sourit **à** quelqu'un) ; j) *menti* (« se mentir » est un verbe pronominal qui ne peut avoir de COD car on ment **à** quelqu'un). **3 :** 1. a) ; 2. c) ; 3. c).

ACCORD AVEC LE COD

L'accord du participe passé des verbes employés pronominalement se fait comme si le verbe était conjugué avec l'auxiliaire « avoir ». Il s'accorde avec le COD (complément d'objet direct) quand celui-ci est placé avant le verbe. Il s'accorde donc avec le pronom « se » (ou « me », « te », « nous », « vous ») s'il est complément d'objet direct et placé avant le verbe, sinon il reste invariable.

Cet accord concerne :

- **Le participe passé des verbes de sens réfléchi :**
  - Elle s'est *lavée* puis elle s'est *habillée*.

  Elle a lavé qui ? elle a habillé qui ? « s' », pronom COD placé avant le verbe, mis pour « elle » ou « soi », donc accord au féminin singulier.

  Mais attention : « Elle s'est *lavé* les cheveux. » Le COD « les cheveux » est placé après le participe passé, qui reste donc invariable. (Voir aussi p. 74.)

- **Le participe passé des verbes de sens réciproque :**
  - Ils se sont *disputés* puis ils se sont *battus*.

  Ils ont disputé qui ? ils ont battu qui ? « se », pronom COD placé avant le verbe, mis pour « ils », donc accord au masculin pluriel.

  Mais attention : « Ils se sont *menti*. » On ment **à** quelqu'un ou l'un **à** l'autre, « se » est ici complément d'objet indirect et non COD, donc *menti* reste invariable. (Voir aussi p. 74.)

Testez-vous !

1. Accordez les participes passés en complétant les pointillés quand cela est nécessaire :
a) Elle s'est lavé... la tête.
b) Elle s'est lavé...
c) Elle s'est habillé... rapidement.
d) Elle s'est habillé... de blanc.
e) Elle s'est gratté...
f) Elle s'est gratté... le bras.
g) Elle s'est frotté... contre la porte.
h) Elle s'est frotté... avec un gant.

2. Accordez comme il convient les participes passés :
a) Elles se sont chamaillé...
b) Ils se sont étripé...
c) Elles se sont ressemblé...
d) Ils se sont tu...
e) Elles se sont frappé...
f) Ils se sont nui...

3. Cochez les phrases bien orthographiées et entourez les verbes de sens réfléchi.
☐ a) La cliente s'est cogné contre la vitrine.

☐ b) Les danseuses se sont déplacées avec grâce sur la scène.

☐ c) La fillette s'est maquillé toute seule.

☐ d) Une querelle s'est engagée entre les deux partis ennemis.

☐ e) Les deux adversaires se sont félicité à la fin du match.

☐ f) La visiteuse s'est demandée pourquoi le titre du tableau n'était pas indiqué sous la toile.

Réponses :
1 : a) *lavé* : invariable car le COD « la tête » est placé après le verbe ; b) *lavée* : verbe pronominal de sens réfléchi, accord avec le pronom « s' » mis pour « elle, soi » ; c) et d) *habillée* : verbe pronominal de sens réfléchi, accord avec le pronom « s' » mis pour « elle, soi » ; e) *grattée* : verbe pronominal de sens réfléchi, accord avec le pronom « s' » mis pour « elle, soi » ; f) *gratté* : invariable car le COD « le bras » est placé après le verbe ; g) et h) *frottée* : verbe pronominal de sens réfléchi, accord avec le pronom « s' » mis pour « elle, soi ». **2 :** a) *chamaillées* ; b) *étripés* ; c) *ressemblé* ; d) *tus* ; e) *frappées* ; f) *nui*. **3 :** b), d). Il fallait écrire : a) *s'est cognée* ; c) *s'est maquillée* ; e) *se sont félicités* (réciproque) ; f) *s'est demandé* (invariable car le COD est placé après le verbe). Les verbes de sens réfléchi étaient : a) *s'est cognée*, c) *s'est maquillée.*

CAS PARTICULIER : LE PARTICIPE PASSÉ SUIVI D'UN ATTRIBUT DU PRONOM RÉFLÉCHI

Les participes passés des verbes pronominaux suivis d'un attribut du pronom réfléchi s'accordent avec ce pronom.

• Elle s'est *crue* intelligente en faisant cette remarque.
Crue est suivi de « intelligente », attribut de « s' ». Il s'accorde avec « s' », COD mis pour « elle », donc au féminin singulier.

• Elles se sont *imaginées* tranquilles au bord d'un océan.
Imaginées est suivi de « tranquilles », attribut de « se ». Il s'accorde avec « se », COD mis pour « elles », donc au féminin pluriel.

Testez-vous !

1. Cochez les phrases correctement orthographiées :

☐ a) Ta sœur, je l'ai crue partie au concert.
☐ b) Ils se la sont imaginés allongés sur l'herbe.
☐ c) Elles se sont crues contaminées par le virus.
☐ d) La maison qu'elles se sont imaginées achevées n'en était encore qu'aux fondations.

☐ e) Les qualités dont on les a crus pourvus faisaient en réalité défaut à ces deux nigauds.

2. Accordez les participes passés quand cela est nécessaire :
Après s'être égaré... dans la montagne, les deux étrangères s'étaient cru... perdu... et s'étaient imaginé... oublié... de tous et en danger évident. Des sauveteurs s'étaient démené... pour les retrouver mais ils s'étaient cru... impliqué... dans un mauvais western. En effet, lorsqu'ils eurent atteint le refuge, elles les avaient cru... malintentionné... et s'étaient imaginé... déjà agressé... ; aussi les avaient-elles reçu... en leur lançant des insultes et toutes sortes d'objets.

Réponses :
1 : a), c), e). Il fallait écrire : b) *imaginée allongée* (accord avec « la », COD placé avant le verbe) ; d) *imaginée achevée* (accord avec « qu' », COD placé avant le verbe, ayant pour antécédent « la maison »). **2 :** *égarées* (verbe transitif employé pronominalement, accord avec COD « s' » placé avant le verbe, mis pour « les deux étrangères ») ; *crues perdues* et *imaginées oubliées* (verbes pronominaux suivis d'un attribut du pronom réfléchi « s' », mis pour « les deux étrangères », donc accord au féminin pluriel avec ce pronom) ; *démenés* (verbe essentiellement pronominal qui s'accorde avec le sujet « les sauveteurs », donc au masculin pluriel) ; *crus impliqués* (verbe pronominal suivi d'un attribut du pronom réfléchi « s' », mis pour « des sauveteurs »,

donc accord au masculin pluriel avec ce pronom) ; *crus malintentionnés* (accord avec « les », COD placé avant le verbe, donc accord au masculin pluriel) ; *imaginées agressées* (verbe pronominal suivi d'un attribut du pronom « s' » mis pour « elles », donc accord au féminin pluriel) ; *reçus* (participe passé employé avec l'auxiliaire « avoir », accord avec le COD placé avant le verbe, « les », mis pour « les sauveteurs »).

Le participe passé des verbes impersonnels

Il existe des verbes essentiellement impersonnels, comme ceux relatifs à la météorologie : « il pleut », « il neige », « il grêle », « il verglace »... Certains verbes transitifs ou intransitifs peuvent aussi être utilisés comme des verbes impersonnels : « il fait chaud », « il paraît », « il semble »...
Le sujet des verbes impersonnels, « il », est toujours au singulier même s'il est suivi de compléments pluriels. Il est à considérer comme un pronom neutre ne représentant personne.
Le participe passé des verbes impersonnels est toujours invariable.
Avec l'auxiliaire « avoir » :

- Les jours de canicule qu'il y avait *eu* cette année-là avaient épuisé beaucoup de personnes.
- Pour dégager la voiture encastrée, je ne vous parlerai pas des moyens qu'il a *fallu* !
- Les conséquences qu'il en a *résulté* ne sont guère réjouissantes.
- La tempête qu'il a *fait* a effrayé les enfants.

Avec l'auxiliaire « être » :

- Il est *tombé* des trombes d'eau.
- Il est *arrivé* des événements incroyables.

Avec des verbes pronominaux :

- Il s'était *mis* à pleuvoir.
- Ce sont de drôles de choses qu'il s'est *passé* cet après-midi-là !

Testez-vous !

1. Cochez les phrases contenant un verbe impersonnel :

☐ a) Il monte bien à cheval.
☐ b) Il monte une odeur de lilas.
☐ c) Il paraît que Jean-Paul revient.
☐ d) Il paraît à sa fenêtre.
☐ e) Il semble qu'il va pleuvoir.
☐ f) Il semble très heureux.
☐ g) Il arrive à 6 heures.

☐ h) Il arrive qu'il crie pour rien.
☐ i) Il se dit qu'il ferait mieux de voyager que de rester chez lui.
☐ j) Il se dit en ville que l'ouverture du musée serait pour la fin de l'année.

2. Dans chaque groupe de phrases, cochez celles qui contiennent un verbe impersonnel :

1) ☐ a) Il est tombé toute une pile de dossiers.
☐ b) Il est tombé des cordes.
☐ c) Il est tombé de tout son long.

2) ☐ a) Il est interdit de fumer dans les lieux publics.
☐ b) Il a interdit de fumer à son fils.
☐ c) Il est interdit de séjour.

3) ☐ a) Il s'est présenté pour ce nouveau poste.
☐ b) Il s'est présenté comme étant votre gendre.
☐ c) Il s'est présenté ce matin une jeune femme pour ce poste.

4) ☐ a) Il est arrivé une catastrophe ferroviaire.
☐ b) Il est arrivé un taxi pour vous prendre.
☐ c) Il est arrivé qu'il ne soit pas sûr de lui.

3. Accordez si nécessaire les participes passés et cochez la phrase impersonnelle.

☐ a) Les ennuis qu'il a eu... sont justifiés par son comportement.

☐ b) La tempête qu'il y a eu... a effrayé les petits.

☐ c) Il est heureux des bons résultats qu'il a eu...

Réponses :

1. b) ; c) ; e) ; h) ; j). **2 :** 1 a) et b) ; 2 a) ; 3 c) ; 4. a), b), c). **3 :** a) *eus* ; b) *eu* ; c) *eus*. La phrase b) contenait un verbe impersonnel.

Cas particuliers

Les règles de ce chapitre sont valables pour les participes passés des verbes conjugués avec l'auxiliaire « avoir » et des verbes utilisés avec l'auxiliaire « être », ainsi que les participes passés des verbes pronominaux.

L'ACCORD AVEC « ON », PRONOM INDÉFINI

L'accord peut se faire de deux façons : soit uniquement au masculin singulier, soit au féminin ou masculin, singulier ou pluriel.
En règle générale, lorsque le pronom « on » est employé dans une proposition (sans que soit

connue ou précisée la personne qu'il désigne), l'accord se fait au masculin singulier.

• On était *allé* prendre le train et on s'était assis près de la fenêtre.

« On », pronom indéfini, entraîne l'accord de *allé* et de *assis* au masculin singulier.

• On s'était *demandé* quel temps il ferait.

Demandé, participe passé d'un verbe transitif employé pronominalement, s'accorde avec le pronom COD « s' », mis pour « on », donc au masculin singulier.

Lorsque l'on connaît la ou les personnes sous-entendues par le pronom « on », l'accord se fait selon le genre et le nombre de chacune d'elles. (Cette tournure est plus familière que la précédente.)

• « On est *montés* dans le train à 20 h 45 », affirmèrent les footballeurs.

Montés est attribut du sujet « on », qui représente « les footballeurs », donc l'accord se fait au masculin pluriel.

• On s'était *maquillée* pour souligner que l'on voulait être une femme séduisante.

Maquillée, participe passé d'un verbe transitif employé pronominalement, s'accorde avec le pronom réfléchi « s' », COD mis pour « on », qui représente « une femme séduisante », donc l'accord se fait au féminin singulier.

• Est-on *préparés* pour la visite de ce château, messieurs ?

Préparés est attribut du sujet « on » qui représente « messieurs », donc l'accord se fait au masculin pluriel.

• « Alors mon frère, voilà dix ans qu'on ne s'est *vus !* », s'exclama Elsa.

Vus, participe passé d'un verbe transitif employé ici prononominalement, s'accorde avec le pronom « s' », COD mis pour « on » qui représente « mon frère » et « Elsa », donc au masculin pluriel.

L'ACCORD AVEC LES ADVERBES DE QUANTITÉ

Lorsqu'un adverbe de quantité (« tant », « combien », « que »...) est suivi d'un complément, le participe passé s'accorde avec ce complément.

Avec « avoir » :

• Tant de méchanceté lui a été *reprochée* !

Reprochée s'accorde avec « méchanceté », précédé de l'adverbe de quantité « tant (de) ».

• Combien de personnes avez-vous *rencontrées* ce matin ?

Rencontrées s'accorde avec « personnes », précédé de l'adverbe de quantité « combien (de) ».

• Que d'efforts j'ai *faits* !

Faits s'accorde avec « efforts », précédé de l'adverbe de quantité « que (de) ».

Avec « être » :

• Tant de personnes sont *attendues* à ce concert !

Attendues s'accorde avec « personnes », précédé de l'adverbe de quantité « tant (de) ».

• Combien de personnes sont *venues* ?

Venues s'accorde avec « personnes », précédé de l'adverbe de quantité « combien (de) ».

• Que de journaux ont été *vendus* après la catastrophe !

Vendus s'accorde avec « journaux », précédé de l'adverbe de quantité « que (de) ».

Avec un verbe pronominal :

• Tant de personnes flouées se sont *manifestées* !

Manifestées s'accorde avec « personnes », précédé de l'adverbe de quantité « tant (de) ».

• Combien d'étudiantes se seront *rencontrées* sur le stand en vingt-quatre heures ?

Rencontrées s'accorde avec « étudiantes », précédé de l'adverbe de quantité « combien (de) ».

• Que de chanteurs se sont *produits* sous ce chapiteau !

Produits s'accorde avec « chanteurs », précédé de l'adverbe de quantité « que (de) ».

Remarque : avec « plus d'un », l'accord se fait au singulier ; avec « moins de deux », il se fait au pluriel.

- Plus d'un suspect *a été accusé* de ce meurtre.
- Plus d'une touriste *est venue* dans notre musée.
- Plus d'un employé *s'est disputé* avec ce directeur.
- Moins de deux motifs *ont été invoqués* pour expliquer son absence.
- Je jurerais que moins de deux personnes *se sont reconnues* au cours de cette soirée.

Lorsque l'adverbe de quantité n'est pas suivi d'un complément, le participe passé est invariable :

- Combien avez-vous *mangé* de pommes ?

Mangé ne s'accorde pas avec « pommes » car « pommes » est ici complément d'objet indirect et placé après le verbe.

Mais :

- Combien de pommes avez-vous *mangées* ?

Mangées s'accorde avec « pommes », ici complément de l'adverbe de quantité « combien ».

Testez-vous !

Cochez les phrases correctement orthographiées :

☐ a) Trop de paresse a justifié les mauvaises notes du premier trimestre.

☐ b) Beaucoup de personnes ont courues le Marathon de Paris.

☐ c) Peu d'informations lui ont été donné.

☐ d) Combien d'intervalles avez-vous laissées ?

☐ e) Combien avez-vous vénérés d'idoles ?

☐ f) Que de films intéressants j'ai vus cette semaine !

☐ g) Plus d'un a été ravi de recevoir ce livre gratuitement.

☐ h) Moins de deux pièces ont manquées au dossier pour qu'il puisse être accepté.

☐ i) Plus d'un a demandé l'entrée sur notre territoire et l'a obtenu.

2. Trouvez et accordez les participes passés quand cela est nécessaire :

a) Tant de personnes se sont (tromper)................... en achetant les actions de cette société !

b) Combien d'accidents se sont (produire)............... à ce carrefour, avant qu'on y place un feu tricolore ?

c) Que de rumeurs vite (naître).................. se sont (dissiper).................... tout aussi rapidement !

d) Tant d'espoirs se sont (évanouir)................... !

e) Combien de concurrents se sont (mesurer) .... à ce jeu ?

f) Que de galas se sont (enchaîner)................... pour cet artiste à succès !

g) Plus d'un ascensionniste (s'être confronté).................. à cette haute montagne !

h) Moins de deux holp-up (s'être déroulé)............. ici en une demi-heure.

Réponses :
1 : a), f), g). Il fallait écrire : b) *couru* (le COD est placé après le verbe) ; c) *données* (accord avec le sujet à la voix passive « peu d'informations ») ; d) *laissés* (« intervalles » est un nom masculin) ; e) *vénéré* (invariable car le COD est placé après le verbe) ; h) *manqué* (pas de COD) ; i) *obtenue* (« l' », pronom COD placé avant le verbe, mis pour « l'entrée », entraîne l'accord du participe passé au féminin singulier). **2 :** a) *trompées* (accord avec « personnes », complément de l'adverbe « tant de ») ; b) *produits* (accord avec « accidents », complément de l'adverbe « combien d' ») ; c) *nées* (accord avec « rumeurs », complément de l'adverbe « que de ») ; *dissipées* (verbe transitif employé pronominalement : accord avec le pronom COD « se » placé avant le verbe et mis pour « que de rumeurs », donc au féminin pluriel) ; d) *évanouis* (accord avec « espoirs », complément de l'adverbe « tant de ») ; e) *mesurés* (accord avec « concurrents », complément de « combien de ») ; f) *enchaînés* (accord avec « galas », complément de l'adverbe « que de ») ; g) *s'est confronté* (accord avec « ascensionniste », complément de l'adverbe « plus d'un », donc accord au singulier) ; h) *se sont déroulés* (accord avec hold-up, dont l'orthographe est invariable mais qui est un pluriel puisqu'il est complément de l'adverbe « moins de deux »).

L'ACCORD AVEC LE PRONOM NEUTRE « L' »

Le participe passé conjugué avec « avoir » et précédé du COD « l' » représentant une proposition (équivalant à « cela ») est invariable.

Avec « avoir » :

• La pièce de théâtre était encore plus comique qu'on ne nous l'avait *dit*.

« Qu'on ne nous l'avait dit » équivaut à « qu'on ne nous avait dit cela ».

• La route est plus courte que je ne l'avais *cru*.

« Que je ne l'avais cru » équivaut à « que je n'avais cru cela ».

• Ces films sont moins violents que nous ne l'avions *pensé*.

« Que nous ne l'avions pensé » équivaut à « que nous n'avions pensé cela ».

Avec des verbes pronominaux :

• La pièce de théâtre était encore plus comique qu'on ne se l'était *dit*.

« Qu'on ne se l'était dit » équivaut à « qu'on n'avait dit cela à "se", mis pour "on" ».

• Ces films sont moins violents que nous ne nous l'étions *imaginé*.

« Que nous ne nous l'étions imaginé » équivaut à « que nous ne nous étions imaginé cela ».

• La route est plus courte que je ne me l'étais *rappelé.*
« Que je ne me l'étais rappelé » équivaut à « que je ne m'étais rappelé cela ».

Remarque : on pourrait supprimer ce pronom neutre « l' », et le participe passé demeurerait invariable (par exemple, « La route est plus courte que je *ne l'avais cru* » ou « que je *n'avais cru* »).

Tolérance : selon le sens, deux accords sont possibles dans ce type de cas :

• Cette personne est plus attachante que je ne l'avais *imaginé.*
« Que je ne l'avais imaginé » équivaut ici à « que je n'avais imaginé cela ».

• Cette personne est plus attachante que je ne l'avais *imaginée.*
« Que je ne l'avais imaginée » équivaut ici à « que je n'avais imaginé cette personne », c'est-à-dire le COD « l' » mis pour « cette personne » et placé avant le verbe, d'où l'accord au féminin singulier.

Testez-vous !

1. Cochez les phrases correctement orthographiées :

☐ a) La résidence était encore plus accueillante qu'on ne nous l'avait dite.

☐ b) Ces romans policiers sont moins captivants que nous ne l'avions pensé.

☐ c) Cette toile est plus travaillée que je ne l'avais cru.

☐ d) Cette maison est plus fonctionnelle que je ne l'avais imaginée.

☐ e) Cette maison est plus fonctionnelle que je ne l'avais imaginer.

☐ f) Cette maison est plus fonctionnelle que je ne l'avais imaginé.

2. Entourez les participes passés bien orthographiés :

a) Ce film était plus captivant qu'ils ne se l'étaient imaginé/imaginée/imaginés.

b) Les deux amis étaient plus émus qu'ils ne se l'étaient avoué/avoués.

c) Cette maison était plus grande qu'il se l'était rappelé/rappelée.

d) Elles étaient encore plus fidèles l'une à l'autre qu'elles se l'étaient promis/promises.

e) La situation était plus catastrophique qu'ils ne se l'étaient dit/dits/dite.

Réponses :

1 : b), c), d), f). Il fallait écrire a) qu'on ne nous l'avait *dit*. **2 :** a) « qu'ils ne s'étaient imaginé cela », donc *imaginé* ; b) « qu'ils ne s'étaient avoué cela », donc *avoué* ; c) « qu'il s'était rappelé cela », donc *rappelé*, ou « qu'il s'était rappelé cette maison », donc *rappelée* ; d) « qu'elles s'étaient promis cela », donc *promis* ; e) « qu'ils ne s'étaient dit cela », donc *dit*.

L'ACCORD AVEC LE PRONOM « EN »

Le participe passé précédé de « en » demeure généralement invariable.

- Les hôtes avaient préparé des crêpes et les invités en ont *mangé*.

Mangé, précédé de « en », demeure invariable. Cela, parce que « en » est ressenti comme désignant une quantité imprécise de quelque chose : ils ont *mangé* « de ces crêpes » (« de » est donc considéré comme un article partitif introduisant un complément d'objet indirect – COI – et pas un COD), et non « des crêpes ».

Toutefois, il s'accorde si « en » est précédé d'un adverbe de quantité : « plus », « combien », « autant »...

- Des romans policiers, mais combien en as-tu *dévorés* ?

Dévorés, précédé de l'adverbe de quantité « combien », s'accorde avec « en » mis pour « des romans policiers » et placé avant le verbe, donc au masculin pluriel.

Attention : si l'adverbe suit « en », le participe passé demeure invariable :

- Ces automobiles, j'en ai tant *vendu* !

« En » précède « tant », donc *vendu* reste invariable.

Testez-vous !

1. Cochez le raisonnement qui convient :

1) *Ces fruits du verger, elle en a tant mangé...*

☐ a) J'accorde *mangés* car l'adverbe « tant » suit « en ».

☐ b) J'écris *mangé*, invariable, car l'adverbe « tant » suit « en ».

☐ c) J'écris au féminin singulier *mangée* qui s'accorde avec le sujet « elle », « en » ne jouant aucun rôle dans ce cas.

2) *Les pâtissiers ont fait des gâteaux délicieux et les clients en ont acheté...*

☐ a) J'écris au masculin pluriel *achetés* qui s'accorde avec « en », mis pour « gâteaux délicieux », placé avant le verbe.

☐ b) J'écris *acheté* qui, précédé de « en », demeure invariable.

☐ c) J'écris *achetés* car le participe passé s'accorde dans ce cas avec le sujet « les clients ».

3) *Des pays lointains, mais combien en avez-vous visité... ?*

☐ a) J'écris au masculin pluriel *visités*, qui s'accorde avec « en », mis pour « des pays lointains », lequel est, comme l'adverbe « combien », placé avant le verbe.

☐ b) Le participe passé *visité*, précédé de « en », demeure invariable.

☐ c) Le participe passé *visités* s'accorde avec le sujet inversé « vous », au masculin pluriel.

2. Accordez les participes passés lorsque c'est nécessaire :

a) Les enfants ont reçu des chocolats pour Noël et ils s'en sont régalé...

b) Des films policiers, combien en ont été diffusé... sur cette chaîne cette année ?

c) Ces motos rutilantes, il s'en est tant vu... par ici !

d) L'avenir de notre planète, mais combien de pays s'en sont réellement inquiété... ?

e) Elles ont récolté des coupons de satin et s'en sont fait... des coussins.

f) Des talents ? Tant s'en sont révélé... dans ce music-hall !

Réponses :
1 : 1. b) ; 2. b) ; 3. a). **2 :** a) *régalés* (le participe passé du verbe *régaler* employé ici à la forme pronominale, de sens réfléchi, s'accorde avec le pronom COD « s' »placé avant et mis pour « les enfants », donc au masculin pluriel. Raisonnement : ils ont régalé qui ? « s' », c'est-à-dire « eux » ; c'est pourquoi « en » n'influe pas ici sur l'accord du participe passé) ; b) *diffusés* (« en » est précédé de l'adverbe « combien ») ; c) *vu* (participe passé précédé de « en » et suivi de « tant », donc invariable) ; d) *inquiétés* (accord car « en » est précédé de l'adverbe « combien ») ; e) *fait* (participe passé précédé de « en », donc invariable) ; f) *s'en sont révélés* (accord car « en » est précédé de l'adverbe « tant »).

LORSQUE PLUSIEURS ANTÉCÉDENTS SONT JOINTS PAR UNE CONJONCTION DE COMPARAISON

Le participe passé s'accorde avec les antécédents joints par une conjonction de comparaison indiquant une idée d'addition.

- En venant ici, c'est la chaleur ainsi que les paysages que j'ai *recherchés.*
  « La chaleur » et « les paysages » s'additionnent : *recherchés* s'accorde au masculin pluriel.
- C'est son entrain autant que son intelligence que j'ai *appréciés* chez elle.

« Son entrain » et « son intelligence » s'additionnent : *appréciés* s'accorde au masculin pluriel.

• Éléonore ainsi que sa sœur se sont *distinguées* à l'épreuve de philosophie.

« Éléonore » et « sa sœur » s'additionnent : *distinguées* s'accorde au féminin pluriel.

Il reste invariable quand les antécédents sont joints par une conjonction de comparaison indiquant une idée d'exclusion, de désaccord :

• C'est son imagination plus que son savoir que l'on a *notée* dans ce devoir.

« Son imagination » prime sur « son savoir », *notée* s'accorde avec « que », qui a pour antécédent « son imagination », donc au féminin singulier.

• C'est une montre plutôt qu'un bracelet qu'elle a *souhaitée* pour son anniversaire.

« Une montre » est préférée à « un bracelet », *souhaitée* s'accorde avec « qu' », qui a pour antécédent « une montre », donc au féminin singulier.

Testez-vous !

1. Complétez les pointillés par le bon accord (le passé composé de l'indicatif est employé dans les phrases) :

a) C'est le confort ainsi que la rapidité de ce train que j'(avoir apprécié)..................

b) Un beau voyage plus qu'un bel objet (avoir été

préféré)................. comme cadeau par les jeunes mariés.

c) C'est la fraîcheur autant que le talent de cette jeune actrice que les journalistes (avoir encensé).................

d) Notre cousine de même que notre voisin, que l'on vous (avoir tous deux présenté)................., ont eu les mêmes idées pour organiser leur jardin.

e) C'est moins son fils que son neveu qui (avoir lorgné)................. l'héritage.

f) C'est le Pérou, plutôt que la Chine, qui (avoir enthousiasmé)................. mon oncle.

g) C'est sa fidélité plus que sa générosité que l'on (avoir récompensé)................. avec cette médaille.

h) L'amabilité autant que les connaissances (avoir été retenu)................. comme critères majeurs pour recruter les hôtesses d'accueil.

i) C'est l'urticaire ainsi que l'angine qui (avoir dû être traité)................. par le médecin.

j) C'est un homme plutôt qu'une femme qu'elle (avoir souhaité)................. pour remplir cette fonction.

2. Cochez les cases des phrases correctement orthographiées :

☐ a) Ce sont les bijoux autant que l'argent liquide que se sont partagés les cambrioleurs.

☐ b) C'est l'ambassadeur ainsi que son épouse qui se sont déplacés pour patronner cette opération humanitaire.

☐ c) C'est l'enthousiasme immédiat du public plutôt que les avis des critiques qui se sont spontanément manifestés le soir de la première projection du film.

Réponses :

1 : a) *ai appréciés* (avec « ainsi que », « le confort » et « la rapidité » s'additionnent, et le masculin l'emporte : accord au masculin pluriel ») ; b) *a été préféré* (avec « plus que » indiquant l'idée d'une préférence, d'une exclusion, le participe passé s'accorde avec le premier élément « un bel objet ») ; c) *ont encensés* (avec « autant que », « la fraîcheur » et « le talent » s'additionnent, et le masculin l'emporte : accord au masculin pluriel ») ; d) *a présentés* (avec « de même que », « notre cousine » et « notre voisin » s'additionnent, et le masculin l'emporte : accord au masculin pluriel ») ; e) *a lorgné* (avec « moins que » indiquant une idée d'une préférence, le participe passé s'accorde avec le second élément « neveu ») ; f) *a enthousiasmé* (avec « plutôt que » indiquant l'idée d'une préférence, le participe passé s'accorde avec le premier élément « le Pérou ») ; g) *a récompensée* (avec « plus que » indiquant l'idée d'une préférence, le participe passé s'accorde avec le premier élément « sa fidélité ») ; h) *ont été retenues* (avec « autant que », « l'amabilité » et « les connaissances » s'additionnent : accord au féminin pluriel ») ; i) *ont dû être traitées* (avec « ainsi que », « l'urticaire » et « l'angine » s'additionnent : ces deux noms sont féminins, donc accord au féminin pluriel ») ; j) *a souhaité* (avec « plutôt que » indiquant l'idée d'une préférence, d'une exclusion, le participe passé s'accorde avec le premier élément « un homme »). **2 :** a), b). Il fallait écrire : c) *s'est spontanément manifesté* (accord avec « l'enthousiasme immédiat du public », préféré à « les avis des critiques »).

LORSQUE PLUSIEURS ANTÉCÉDENTS SONT JUXTAPOSÉS

Lorsque le participe passé a des antécédents juxtaposés, il s'accorde avec le dernier de l'énumération.

- Antécédents synonymes, non coordonnés :

- C'est une grande joie, un bonheur indicible qu'il a *éprouvé* ce soir-là.

  Éprouvé s'accorde avec le COD « qu' » placé avant le verbe, ayant pour antécédent « un bonheur indicible », dernier des deux antécédents juxtaposés de l'énumération, donc au masculin singulier.
- Sont-ce des invectives, des jurons, des insultes, qu'ils se sont *lancées* ?

  Lancées s'accorde avec le COD « qu' » placé avant le verbe, mis pour « des insultes », dernier des trois antécédents juxtaposés de l'énumération, donc au féminin pluriel.

- Antécédents juxtaposés dont la nuance de sens va croissant :

- Serait-ce de la sympathie, de l'amitié, de l'amour, de la passion qu'il a *manifestée* pour vous ?

Manifestée s'accorde avec le dernier des antécédents juxtaposés du COD « qu' », « de la passion », donc au féminin singulier.

Testez-vous !

1. Cochez la phrase correctement orthographiée :

1) ☐ a) C'est le chèque de confirmation, la somme demandée, les arrhes qu'il n'a pas envoyées ?
☐ b) C'est le chèque de confirmation, la somme demandée, les arrhes qu'il n'a pas envoyés ?

2) ☐ a) C'est la mappemonde, la carte du monde, les planisphères qu'il a oubliées dans le déménagement ?
☐ b) C'est la mappemonde, la carte du monde, les planisphères qu'il a oubliés dans le déménagement ?

3) ☐ a) Quelle est la raison, la cause, l'origine de cet incendie qui a créée un tel désastre ?

☐ b) Quelle est la raison, la cause, l'origine de cet incendie qui a créés un tel désastre ?

☐ c) Quelle est la raison, la cause, l'origine de cet incendie qui a créé un tel désastre ?

2. Cochez la phrase correctement orthographiée :

1) ☐ a) Serait-ce de la joie, de la gaieté, de l'enthousiasme qu'il a montrée en vous rencontrant la première fois ?

☐ b) Serait-ce de la joie, de la gaieté, de l'enthousiasme qu'il a montrées en vous rencontrant la première fois ?

☐ c) Serait-ce de la joie, de la gaieté, de l'enthousiasme qu'il a montré en vous rencontrant la première fois ?

2) ☐ a) Est-ce de la friture, des merlans, des daurades, des raies que vous avez achetés ce matin ?

☐ b) Est-ce de la friture, des merlans, des daurades, des raies que vous avez achetées ce matin ?

☐ c) Est-ce de la friture, des merlans, des daurades, des raies que vous avez acheter ce matin ?

3. Entourez le participe passé bien accordé :

a) Est-ce une soupe, une pizza, un sandwich que se sont préparé/préparées/préparés les campeurs ?

b) Serait-ce une broche, un vase, une glace, une statue que les acheteurs se sont disputé/disputée/disputés lors de la vente aux enchères ?

Réponses :
1 : 1. a) « arrhes » est féminin pluriel ; 2. b) « planisphère » est masculin ; 3. c) le COD « un tel désastre » est placé après le verbe. **2 :** 1. c) *montré* s'accorde avec « enthousiasme », dernier des antécédents juxtaposés du COD « qu' » ; 2. b) *achetées* s'accorde avec « raies », dernier des antécédents juxtaposés du COD « qu' ». **3 :** a) *se sont préparé* : le participe passé s'accorde avec « sandwich », dernier des antécédents juxtaposés du COD « que » ; b) *se sont disputée* : le participe passé s'accorde avec « statue », dernier des antécédents juxtaposés du COD « que ».

LORSQUE L'ANTÉCÉDENT COMPREND « OU » OU « NI »

Lorsque deux sujets au singulier sont reliés par « ou » ou par « ni », le verbe se met au singulier si l'un des termes exclut l'autre.

• Une moto ou une voiture sera *louée* pour pouvoir visiter la région.
Ce sera au choix une moto ou une voiture, l'une exclut l'autre.

• Ce n'est ni Hélène ni Catherine qui a été *élue*.
Une seule des deux aurait pu être élue, donc les deux termes s'excluent.

Dans le cas où les deux sujets ne s'excluent pas, le verbe se met au pluriel.

• Une comédie ou un thriller sont *regardés* avec le même intérêt par les enfants.

Les termes réunis par « ou » ne s'excluent pas (la comédie et le thriller peuvent être regardés par les enfants), donc le verbe est au pluriel, et le masculin l'emporte.

• Ni l'écharpe ni le manteau de l'artiste n'ont été *vendus* aux enchères.

Les termes réunis par « ni » ne s'excluent pas mais s'additionnent (l'écharpe et le manteau auraient pu être vendus), donc le verbe est au pluriel, et le masculin l'emporte.

Testez-vous !

1. Cochez les phrases bien orthographiées :

☐ a) Ni ce lainage chaud ni ce châle n'a réussi à me réchauffer.

☐ b) Un crayon de couleur ou un feutre est demandé sur la liste scolaire.

☐ c) Ni les critiques ni les médisances n'ont entamé son moral d'acier.

☐ d) Ce n'est ni la rue Marceau ni la rue Dupont qu'on a bitumé cette année.

☐ e) Est-ce le chauffeur du car ou le pasteur du village qui a été déclaré coupable de ce crime ?

☐ f) C'est une faveur ou une punition que vous avez obtenues pour lui ?

2. Cochez le bon raisonnement :

1) *Ni le bol ni la tasse n'(avoir été utilisé) au cours du pique-nique.*

☐ a) J'écris *ont été utilisés* car les deux éléments sujets s'additionnent l'un à l'autre.

☐ b) J'écris *a été utilisé* car les deux éléments contiennent une idée d'exclusion l'un de l'autre.

☐ c) J'écris *a été utilisée* car l'accord se fait avec le nom le plus proche du verbe : « tasse », donc au féminin singulier.

2) *Est-ce le film français ou le film américain qui (avoir remporté) la Palme d'or ?*

☐ a) J'écris *ont remporté* car les deux éléments, précédés de « qui », s'additionnent l'un à l'autre.

☐ b) J'écris *a remporté* car les deux éléments, précédés de « qui », contiennent une idée d'exclusion l'un de l'autre.

☐ c) J'écris *ont remporté* car le sujet du verbe, « qui », est mis pour deux éléments : « le film français ou le film américain ».

3. Accordez ces participes passés au pluriel ou au singulier, selon le cas :

a) Ni mon frère ni mon cousin ne (s'être joint)........... à nous pour le pique-nique.

b) Est-ce une cure de thalassothérapie ou la prise de médicaments qui (s'être avéré).......... le plus efficace pour juguler son stress ?

c) C'est un chat ou un chien qu'ils (s'être inventé).......... pour porter la responsabilité de leurs méfaits ?

d) Ce n'est ni la médaille de bronze ni la médaille d'argent que (s'être partagé)........... nos athlètes, mais la médaille d'or !

4. Entourez le bon accord :

a) Ni le maire ni ses adjoints ne s'était attendu/s'étaient attendus à voir autant de monde à l'inauguration du stade.

b) Est-ce Michel ou Florence qui s'est distingué/s'est distinguée/se sont distingués en remportant les élections municipales ?

c) Ni les uns ni les autres ne se sont dit/se sont dits heureux d'assister à ce spectacle.

Réponses :
1 : b), c), e). Il fallait écrire : a) *n'ont réussi* ; d) *bitumée* ; f) *obtenue.* **2 :** 1. a) ; 2. b) **3.** *se sont joints* (accord au masculin pluriel car « mon frère » s'additionne à « mon cousin ») ; b) *s'est avérée* (accord au féminin singulier car l'un des termes exclut l'autre) ; c) *se sont inventé* (accord au masculin singulier car l'un des termes exclut l'autre) ; d) *se sont partagée* (accord au féminin singulier car les deux termes s'excluent l'un l'autre)
4 : a) *ne s'étaient attendus* (« ni le maire » s'additionne à « ni ses adjoints », donc accord au pluriel) ; b) *s'est distingué* (« Michel » exclut « Florence » et inversement, d'où le singulier, et le masculin l'emporte) ; c) *se sont dits* (les deux termes au masculin pluriel s'additionnent).

Mégatest

Maintenant, à vous de jouer et de vous noter de 1 à 100 !

Voici cent propositions à compléter dans les pointillés. Accordez-vous un point par phrase bien accordée.

Tous les verbes à l'infinitif, entre parenthèses, sont à conjuguer au passé composé (questions 9, 10, 27, 44, 49, 50, 59, 99).

1. La soupe de tomate a été consommé... froide.
2. Ces paroles ont été choisi... pour amadouer l'auditoire.
3. Ces éphémérides ont été vendu... pour une bouchée de pain.

4. Nos chats ont été très perturbé... par le passage à l'heure d'été.
5. La bicyclette qu'il m'a prêté... est épatante.
6. Ils ont récolté... beaucoup de mirabelles qu'ils ont vendu... en une heure.
7. Ils ont longtemps cherché... des partitions musicales qu'ils ont retrouvé... dans le grenier.
8. Le nouvel élève a été présenté... à sa classe.
9. Ni lui ni moi n'(avoir été préparé)......... à gérer cette situation catastrophique.
10. Des cuillers ou des fourchettes à gâteau (avoir permis)......... aux invités de manger la tarte.
11. Une falaise s'est effondré...
12. Est-ce la pizza ou le gâteau qu'ils se sont partagé... ?
13. De vieux journaux et des revues étaient vendu... par les bouquinistes.
14. Ce sont des cyprès qui ont été peint... sur le tableau.
15. Ces jeunes gens sont branché...
16. Notre rallye fut très mouvementé...
17. La plupart des visiteuses sont enchanté... de l'exposition.
18. Est-ce ma fille que vous avez invité... à votre soirée ?
19. Vous êtes la première personne qui m'avez indiqué... le bon chemin.

20. Nous, les étudiantes qui nous sommes tant préparé... à cet examen, sommes déçu... des résultats.
21. Ces contes et ces légendes sont depuis longtemps raconté... dans cette région.
22. Tant de ces pommes juteuses ont été cueilli... qui n'ont pas été consommé...
23. De Marseille, il est parti... ce matin vingt cars de supporteurs.
24. Les orages nombreux qu'il a fait... ont provoqué... des inondations.
25. Est-ce que tu les as fait... chanter de nouveaux refrains ?
26. Ces idoles sont poursuivi... par leurs fans.
27. Ni le garçon ni la fille n'(être intéressé)......... par la promotion.
28. En l'espace de dix minutes, il s'est produit... deux accidents au même carrefour.
29. Les touristes anglais ? Je les ai vu... photographi... ce temple grec.
30. Ils n'ont pas prodigué... aux malades les soins qu'ils auraient dû...
31. Les trente années seulement qu'il a vécu... furent heureuses.
32. Ils se sont fait... gratifi... d'une médaille pour leurs actes de courage.

33. Géraldine était première du slalom géant ! Les félicitations que lui a valu... cette réussite l'ont encouragé... à poursuivre dans cette voie.
34. J'ai sauvé cette petite chatte qu'au début nous avions cru... mort...
35. Ses filles, il les aurait voulu... plus gentilles avec lui.
36. Je ne ferai pas de commentaires sur les fonds importants qu'il a fallu... pour rembourser ses dettes.
37. Les journalistes que j'ai informé... que nous organiserions bientôt un spectacle m'en ont été reconnaissants.
38. J'ai choisi... des régions que j'avais imaginé... être ensoleillé... à l'automne.
39. La baguette de pain qu'elle a laissé... a été chipé... par le chien.
40. La plupart se sont échappé... dans la nature.
41. Ce sont ces opéras de Verdi que j'ai entendu... jouer.
42. Peu de bougies ont été vendu...
43. Je suis allé voir cette pièce qu'on m'avait dit... être très bien joué...
44. Les personnalités qui (s'être déplacé)......... pour assister au match (avoir déçu)......... les supporters.

45. Tant de joie lui a été procuré... par cette visite inattendue !
46. Tant d'athlètes se sont réveillé... en pleine forme, prêts à affronter les épreuves.
47. Que d'injures ils se sont lancé... pour des broutilles !
48. C'est de l'indignation que cette mesure a fait... naître chez les ouvriers.
49. Plus d'une fillette (s'être glissé)......... dans ce trou de souris.
50. Moins de deux amis (s'être dérangé)......... pour le voir.
51. Je ne vous parle pas des obstacles que nous avons dû... surmonter.
52. Combien as-tu cueilli... de roses ce matin ?
53. La grand-mère avait préparé une tarte et les enfants en ont mangé...
54. Est-ce une croisière ou un rallye qu'ils ont choisi... ?
55. C'est une statue plutôt qu'un tableau qu'ils lui ont offert...
56. Il a verglacé... cette nuit dans toute la région.
57. Ce tableau est plus lumineux que je ne me l'étais rappelé...
58. Ce sont des nids-de-poule que nous avons eu... à éviter sur la route.

59. Ce n'est ni une romancière, ni un homme de théâtre qui a (être nommé)......... président des écrivains.
60. L'infirmière s'est absenté... pour quelques minutes.
61. Les privilèges qu'il s'est arrogé... sont remis en cause aujourd'hui.
62. Il a cru qu'elle lui disait la vérité mais elle s'est moqué....de lui.
63. C'est de Tabarly que cette jeune navigatrice s'est dit... être la disciple.
64. Ils se sont attaqué... à forte partie.
65. Une biennale de la danse s'est déroulé... dans notre ville.
66. Les deux vieilles complices se sont souri...
67. Après nous avoir demandé... leur chemin, elles s'en sont allé...
68. Ils lui ont confié... des secrets que les autres n'ont pas su...
69. Voici les bijoux que j'ai vu... dérob... par ces cambrioleurs.
70. Ces maisons sont plus fonctionnelles qu'on ne se l'était imaginé...
71. Les sept mille mètres qu'il a eu... à courir lui ont valu... la médaille d'argent.
72. Des romans d'Agatha Christie, j'en ai tant lu... !

73. Ils se sont plaint... de ne pas avoir reçu... la somme qui leur était du...
74. Cette pensionnaire qu'on a cru... être monté... dans sa chambre pour se reposer avait en réalité pris... la clé des champs.
75. Après une période de bouderie, ils se sont à nouveau parlé...
76. Elle s'est cru... originale en allant, en plein été, pieds nus et avec un manteau de fourrure au cinéma.
77. La seconde manche du tournoi d'échecs s'est joué... dans un silence absolu.
78. Ce soir-là, entièrement grimées et déguisées, elles se sont fait... sorcières d'Halloween pour effrayer les enfants.
79. Combien de cigarettes avez-vous fumé... en une journée ?
80. Ni les citadins ni les touristes ne se sont aperçu... des agissements du pickpocket.
81. Elles se sont vu... privé... de leurs indemnités.
82. Voici les trois livres qu'ils ont donné... à relier.
83. Les dangers qu'elles ont couru... ne les ont pas empêché... d'aller jusqu'au bout du rallye.
84. Ils se sont laissé... prendre au jeu.
85. Elle s'est convaincu... qu'elle avait attrapé... une grave maladie.

86. Ils se sont assuré... d'agréables vacances sur la Côte.
87. Elles se sont fait... impeccables pour recevoir leurs amis.
88. Elles se sont toutes deux proposé... pour garder mes enfants ce soir.
89. Elle s'est débarrassé... des pétales tombé... de ces azalées fané...
90. J'ai réuni... un tas d'objets, excepté... les mappemondes.
91. C'est en voyant le sourire des recruteurs à son égard que la candidate s'est cru... nommé... à ce poste.
92. Combien de pommes sont consommé... par jour dans votre famille ?
93. La plupart se sont échappé... par l'escalier de service.
94. Ce sont les rideaux que je vous avais porté... à nettoyer qu'ils sont allé... rechercher aujourd'hui.
95. Mesdames, vous êtes-vous servi... des circulaires ci-inclus... ?
96. Elle s'est acheté... son eau de toilette préférée et s'en est vaporisé...
97. Quelle tristesse j'ai eu... en perdant cette bague qu'il m'avait donné...

98. Les joueurs qui ont été sélectionné... se sont présenté... face à leurs adversaires et se sont battu... avec acharnement.
99. L'émission s'est bien déroulé..., les candidates se sont plu... et se sont bien défendu... et plus d'une (s'être juré)......... de recommencer.
100. Ils se sont laissé... convaincre par les belles paroles du bonimenteur et se sont précipité... pour lui acheter sa marchandise.

Réponses

1. **a été *consommée*** : le participe passé *consommée* employé avec l'auxiliaire « être » s'accorde avec le sujet « la soupe de tomate », au féminin singulier (p. 23).

2. **ont été *choisies*** : le participe passé *choisies* employé avec l'auxiliaire « être » s'accorde avec le sujet « ces paroles », au féminin pluriel (p. 23).

3. **ont été *vendues*** : le participe passé *vendues* employé avec l'auxiliaire « être » s'accorde avec le sujet « ces éphémérides » (nom féminin), au féminin pluriel (p. 23).

4. **ont été très** ***perturbés*** : le participe passé *perturbés* employé avec l'auxiliaire « être » s'accorde avec le sujet « nos chats » au masculin pluriel (p. 23).

5. **m'a** ***prêtée*** : le participe passé *prêtée* employé avec l'auxiliaire « avoir » s'accorde avec le COD « qu' » placé avant le verbe, ayant pour antécédent « la bicyclette », au féminin pluriel (p. 29).

6. **ont** ***récolté*** : le participe passé *récolté* employé avec l'auxiliaire « avoir » demeure invariable car le COD « beaucoup de mirabelles » est placé après le verbe (p. 29).

ont ***vendues*** : le participe passé *vendues* employé avec l'auxiliaire « avoir » s'accorde avec le COD « qu' », placé avant le verbe, ayant pour antécédent « beaucoup de mirabelles », au féminin pluriel (p. 29, 91).

7. **ont longtemps** ***cherché*** : le participe passé *cherché* employé avec l'auxiliaire « avoir » demeure invariable car le COD « des partitions musicales » est placé après le verbe (p. 29).

ont ***retrouvées*** : le participe passé *retrouvées* employé avec l'auxiliaire « avoir » s'accorde avec le

COD « qu' », ayant pour antécédent « des partitions musicales », au féminin pluriel (p. 29).

8. **a été** ***présenté*** : le participe passé *présenté* employé avec l'auxiliaire « être » s'accorde avec le sujet « le nouvel élève », au masculin singulier (p. 23).

9. **n'avons été** ***préparés*** : avec les pronoms « moi » et « lui », le verbe se conjugue à la première personne du pluriel « nous » ; le participe passé *préparés* employé avec l'auxiliaire « être » s'accorde avec le sujet « nous », au masculin pluriel (p. 23).

10 **ont** ***permis*** : le participe passé *permis* employé avec l'auxiliaire « avoir » ne s'accorde pas puisqu'il n'a pas de COD (p. 29).

11. **s'est** ***effondrée*** : le participe passé du verbe pronominal de sens passif « effondrer » (le verbe transitif « effondrer » est ici employé pronominalement) s'accorde avec le sujet « une falaise », au féminin singulier (p. 68).

12. **se sont** ***partagé*** : le participe passé du verbe transitif « partager » employé à la forme pronominale s'accorde avec le COD « qu' », ayant pour antécédent « la pizza ou le gâteau ». Comme l'un des termes

exclut l'autre, le participe passé s'accorde, au singulier, avec « le gâteau », car le masculin domine (p. 109).

13. **étaient *vendus*** : le participe passé *vendus* employé avec l'auxiliaire « être » s'accorde avec le sujet « de vieux journaux et des revues », au masculin pluriel (p. 23).

14. **ont été *peints*** : le participe passé *peints* employé avec l'auxiliaire « être » s'accorde avec le sujet « des cyprès », au masculin pluriel (p. 23).

15. **sont *branchés*** : le participe passé *branchés* employé avec l'auxiliaire « être » s'accorde avec le sujet « ces jeunes gens », au masculin pluriel (p. 23).

16. **fut *mouvementé*** : le participe passé *mouvementé* employé avec l'auxiliaire « être » s'accorde avec le sujet « notre rallye », au masculin singulier (p. 23).

17. **sont *enchantées*** : le participe passé *enchantées* employé avec l'auxiliaire « être » s'accorde avec le sujet « la plupart des visiteuses », au féminin pluriel (p. 23).

18. **avez *invitée*** : le participe passé *invitée* employé avec l'auxiliaire « avoir » s'accorde avec le COD placé avant le verbe, « que », ayant pour antécédent « ma fille », au féminin singulier (p. 29).

19. **m'avez *indiqué*** : le participe passé *indiqué* employé avec l'auxiliaire « avoir » reste invariable car il n'y a pas de COD placé avant le verbe. « Qui », ayant pour antécédent « la première personne », est sujet du verbe, et « m' » est complément d'objet indirect du verbe ; le COD « le bon chemin » est, quant à lui, placé après le verbe (p. 29).

20. **nous sommes tant *préparées*** : le participe passé du verbe transitif « préparer » employé à la forme pronominale, de sens réfléchi, s'accorde avec le sujet « qui », ayant pour antécédent « nous, les étudiantes », au féminin pluriel (p. 68).

sommes *déçue*s : le participe passé *déçues* employé avec l'auxiliaire « être », attribut du sujet « nous », s'accorde au féminin pluriel (p. 23).

21. **sont *racontés*** : le participe passé *racontés* employé avec l'auxiliaire « être » s'accorde avec le sujet « ces contes et ces légendes », au masculin pluriel (p. 23).

22. **ont été *cueillies*** : le participe passé *cueillies* employé avec l'auxiliaire « être » s'accorde avec le complément « ces pommes juteuses » placé après l'adverbe de quantité « tant de », au féminin pluriel (p. 91).

n'ont pas été *consommées* : le participe passé *consommées*, employé avec l'auxiliaire « être », s'accorde avec le sujet « qui », ayant pour antécédent « tant de ces pommes juteuses », au féminin pluriel (p. 91).

23. **est *parti*** : le participe passé du verbe « partir », verbe à la forme impersonnelle, est invariable car il ne peut avoir de COD (p. 85).

24. **a *fait*** : *fait* est le participe passé d'un verbe employé à la forme impersonnelle donc il reste invariable (p. 85).

ont *provoqué* : le participe passé *provoqué* employé avec l'auxiliaire « avoir » est invariable car le COD « des inondations » est placé après le verbe (p. 29).

25. **as *fait* chanter** : le participe passé *fait* suivi d'un infinitif demeure invariable (p. 53).

26. **sont** ***poursuivies*** : le participe passé *poursuivi* employé avec l'auxiliaire « être » s'accorde avec le sujet « ces idoles » (nom féminin), au féminin pluriel (p. 23).

27. **n'ont été** ***intéressés*** : le participe passé *intéressé* employé avec l'auxiliaire « être » s'accorde avec le sujet « ni le garçon ni la fille » (les deux sujets s'additionnent), au masculin (le masculin « garçon » l'emporte sur le féminin « fille ») pluriel (p. 109).

28. **s'est** ***produit*** : le participe passé *produit* employé à la forme impersonnelle (« il » est le sujet apparent du verbe) reste invariable (p. 85).

29. **ai** ***vus photographier*** : le participe passé *vus*, employé avec l'auxiliaire « avoir » et suivi d'un infinitif, s'accorde car le COD « les », placé avant le verbe, qui fait l'action du verbe à l'infinitif « photographier » (on pourrait dire « je les ai *vus* en train de photographier ou photographiant ») (p. 47).

30. **n'ont pas** ***prodigué*** : le participe passé *prodigué* employé avec l'auxiliaire « avoir » est suivi et non précédé du COD « les soins », donc reste invariable (p. 29).

auraient ***dû*** : sous-entendu : « qu'ils auraient *dû* prodiguer ». Lorsque le participe passé *dû* est suivi d'un infinitif sous-entendu, il reste invariable (p. 33).

31. **a** ***vécu*** : le participe passé *vécu* employé avec l'auxiliaire « avoir » reste invariable car il n'a pas de COD placé avant (« les trente années » est ici complément circonstanciel de temps) (p. 36).

32. **se sont** ***fait gratifier*** : le participe passé *fait* suivi de l'infinitif « gratifier » demeure invariable (p. 53).

33. **a** ***values*** : le participe passé *values* employé avec l'auxiliaire « avoir » s'accorde avec le COD placé avant le verbe, « que », ayant pour antécédent « les félicitations », au féminin pluriel (p. 29).

l'ont ***encouragée*** : le participe passé *encouragée* employé avec l'auxiliaire « avoir » s'accorde avec le pronom COD « l' » placé avant, mis pour « Géraldine », féminin singulier (p. 29).

34. **avions** ***crue morte*** : le participe passé *crue* suivi de « morte », attribut du COD « cette petite chatte » placé avant le verbe, s'accorde avec celui-ci au féminin singulier (p. 40).

35. **aurait *voulues* plus *gentilles*** : le participe passé *voulues* suivi d'un attribut du COD placé avant le verbe, le pronom « les » mis pour « ses filles », s'accorde avec celui-ci au féminin pluriel (p. 40).

36. **a *fallu*** : le participe passé du verbe « falloir » utilisé à la forme impersonnelle reste invariable (p. 85).

37. **ai *informés*** : le participe passé *informés* employé avec l'auxiliaire « avoir » s'accorde avec le COD « que » placé avant le verbe, ayant pour antécédent « les journalistes », au masculin pluriel (p. 29).

38. **ai *choisi*** : le participe passé *choisi* employé avec l'auxiliaire « avoir » est suivi (et non précédé) du COD « des régions », donc reste invariable (p. 29).

avais *imaginé* : le participe passé *imaginé* employé avec l'auxiliaire « avoir », précédé de « que » et suivi de la proposition infinitive « être ensoleillées » reste invariable (p. 56).

ensoleillées : le participe passé *ensoleillées*, employé avec l'auxiliaire « être », s'accorde avec le sujet « que », ayant pour antécédent « des régions », au féminin pluriel (p. 23).

39. **a** ***laissée*** : le participe passé *laissée* employé avec l'auxiliaire « avoir » s'accorde avec le COD « qu' » placé avant le verbe, ayant pour antécédent « la baguette de pain », au féminin singulier (p. 29).

a été ***chipée*** : le participe passé *chipée* employé avec l'auxiliaire « être » s'accorde avec le sujet « la baguette de pain », au féminin singulier (p. 23).

40. **se sont** ***échappés*** : le participe passé du verbe employé pronominalement « échapper » s'accorde avec le COD « se » placé avant le verbe, mis pour « la plupart », donc au masculin pluriel (p. 79).

41. **ai** ***entendu*** **jouer** : le participe passé *entendu* employé avec l'auxiliaire « avoir » reste invariable car le COD « que », ayant pour antécédent « ces opéras de Verdi », subit l'action du verbe à l'infinitif « jouer » (on pourrait dire : « que j'ai entendu que l'on jouait ou en train d'être joués par des musiciens ») (p. 47).

42. **ont été** ***vendues*** : le participe passé *vendues* (voix passive) employé avec l'auxiliaire « être » s'accorde avec le sujet « peu de bougies », au féminin pluriel (avec « peu », le verbe s'accorde avec le complément, ici « bougies ») (p. 89).

43. **avait *dit*** : le participe passé *dit* employé avec l'auxiliaire « avoir », précédé de « que » et suivi de la proposition infinitive « être très bien jouée », reste invariable (p. 56).

être *jouée* : le participe passé *jouée* employé avec l'auxiliaire « être » s'accorde avec « cette pièce », sujet du verbe à l'infinitif « être » (p. 23).

44. **se sont *déplacées*** : le participe passé du verbe transitif employé pronominalement « déplacer » s'accorde avec le COD « se », mis pour « le peu de personnalités » et placé avant le verbe, au féminin pluriel (avec « le peu », le participe passé s'accorde ici avec le complément) (p. 79).

ont *déçu* : le participe passé *déçu* employé avec l'auxiliaire « avoir » est suivi (et non précédé) du COD « les supporters », donc reste invariable (p. 29).

45. **a été *procurée*** : le participe passé *procurée* employé avec l'auxiliaire « être » s'accorde avec le sujet « tant de joie » (le participe passé se rapportant à un adverbe de quantité, « tant », suivi d'un complément, « de joie », s'accorde avec ce complément), au féminin singulier (p. 91).

46. **se sont *réveillés*** : le participe passé du verbe transitif employé pronominalement « réveiller » s'accorde avec le pronom COD de sens réfléchi « se », mis pour « tant d'athlètes », placé avant (le participe passé se rapportant à un adverbe de quantité, « tant », suivi d'un complément, « d'athlètes », s'accorde avec ce complément) au masculin pluriel (p. 91).

47. **se sont *lancées*** : le participe passé du verbe transitif employé pronominalement « lancer », de sens réciproque, s'accorde avec le COD « que d'injures », placé avant le verbe, au féminin pluriel (p. 91).

48. **a *fait* naître** : le participe passé *fait* suivi du verbe à l'infinitif « naître » reste invariable (p. 53).

49. **s'est *glissée*** : le participe passé du verbe transitif employé pronominalement « glisser », de sens réfléchi, s'accorde avec le pronom « se », mis pour « plus d'une fillette », donc au féminin singulier (avec « plus d'un », l'accord est au singulier) (p. 91).

50. **se sont *dérangés*** : le participe passé du verbe transitif employé pronominalement « déranger », de sens réfléchi, s'accorde avec le pronom « se », mis

pour « moins de deux amis », donc au masculin pluriel (avec « moins de deux », l'accord est au pluriel) (p. 91).

51. **avons *dû surmonter*** : le participe passé *dû* demeure invariable lorsqu'il est suivi d'un infinitif (p. 47) (pour savoir si « surmonter » est bien à l'infinitif, on peut le remplacer par un verbe du 3e groupe. Ex : que nous avons dû *prendre*, *faire*.)

52. **as-tu *cueilli*** : le participe passé *cueilli* employé avec l'auxiliaire « avoir » reste invariable car il n'y a pas de COD placé avant le verbe (p. 29).

53. **en ont *mangé*** : le participe passé *mangé*, employé avec l'auxiliaire « avoir », précédé de « en », demeure invariable (p. 99).

54. **ont *choisi*** : le participe passé *choisi* employé avec l'auxiliaire « avoir » s'accorde avec le COD « qu' » placé avant le verbe, ayant pour antécédent « une croisière ou un rallye » ; les deux termes s'excluant l'un l'autre, l'accord se fait au singulier et le masculin « un rallye » l'emporte sur le féminin « une croisière », donc masculin singulier (p. 109).

55. **lui ont** ***offerte*** : le participe passé *offerte* employé avec l'auxiliaire « avoir » s'accorde avec le pronom COD « qu' » placé avant le verbe, ayant pour antécédent « une statue plutôt qu'un tableau » (ces deux termes sont joints par une conjonction de comparaison, « plutôt que », indiquant une idée d'exclusion ; il y a donc accord avec « statue » puisque c'est celle-ci qui est préférée) (p. 102).

56. **a** ***verglacé*** : le participe passé du verbe essentiellement impersonnel « verglacer » reste invariable (p. 85).

57. **étais** ***rappelé*** : le participe passé du verbe transitif employé à la forme pronominale « rappeler », employé avec l'auxiliaire « être » et précédé de « l' » en COD représentant toute une proposition (« que ce tableau est plus lumineux ») et équivalente à « cela », reste invariable (p. 96).

58. **nous avons** ***eu*** **à éviter** : le participe passé *eu* employé avec l'auxiliaire « avoir » reste invariable, car le pronom « que », ayant pour antécédent « les nids-de-poule », est COD du verbe à l'infinitif « éviter » (on n'a pas « eu » les nids-de-poule, on a « eu à éviter » les nids-de-poule) (p. 56).

59. **a été *nommé*** : le participe passé *nommé* employé avec l'auxiliaire « être » s'accorde avec le sujet « qui », ayant pour antécédent « ni une romancière, ni un homme de théâtre » (lorsque deux noms au singulier sont reliés par la conjonction « ni », ils entraînent l'accord au singulier quand l'un des termes exclut l'autre ; dans ce cas, ou l'un ou l'autre aurait pu être nommé président, mais pas les deux) (p. 109).

60. **s'est *absentée*** : le participe passé du verbe essentiellement pronominal « s'absenter », s'accorde au féminin singulier avec le sujet « l'infirmière » (p. 68).

61. **s'est *arrogés*** : le participe passé du verbe essentiellement pronominal « s'arroger » est le seul qui s'accorde avec le COD quand il est placé avant le verbe, ici « qu' », ayant pour antécédent « les privilèges », donc au masculin pluriel (p. 63).

62. **s'est *moquée*** : le participe passé du verbe essentiellement pronominal « se moquer » s'accorde avec le sujet « elle », donc au féminin singulier (p. 63).

63. **s'est *dit* être** : le participe passé du verbe transitif employé pronominalement « dire », étant suivi de la

proposition infinitive « être la disciple » (sous-entendu : « ... de Tabarly »), reste invariable (p. 56).

64. **se sont** ***attaqués*** : le participe passé du verbe pronominal de sens réciproque « attaquer » s'accorde avec le sujet « ils », donc au masculin pluriel (p. 68).

65. **s'est** ***déroulée*** : le participe passé du verbe pronominal non réfléchi « se dérouler » s'accorde avec le sujet « une biennale de la danse », au féminin singulier (p. 68).

66. **se sont** ***souri*** : le participe passé du verbe pronominal « se sourire » ne pouvant avoir de COD, il demeure invariable (p. 74).

67. **nous avoir** ***demandé*** : le participe passé *demandé* employé ici avec l'auxiliaire « avoir » reste invariable car le COD « leur chemin » est placé après le verbe (p. 29).

s'en sont ***allées*** : le participe passé du verbe employé pronominalement « aller », de sens non réfléchi, s'accorde avec le sujet « elles », donc au féminin pluriel (le pronom « en » n'influe pas, ici, sur l'accord) (p. 68).

68. **ont *confié*** : le participe passé *confié* employé avec l'auxiliaire « avoir » demeure invariable car le COD « des secrets » est placé après le verbe.

n'ont pas *sus* : le participe passé du verbe « savoir » employé avec l'auxiliaire « avoir » s'accorde en genre et en nombre avec le COD « que » placé avant le verbe, ayant pour antécédent « des secrets », donc au masculin pluriel (p. 29).

69. **j'ai *vu* dérober** : le participe passé *vu* demeure invariable car le COD « que », ayant pour antécédent « les bijoux », ne fait pas l'action du verbe à l'infinitif « dérober » mais la subit (ce sont « les cambrioleurs » qui font l'action de « dérober ») (p. 47).

70. **se l'était *imaginé*** : le participe passé du verbe transitif « imaginer » employé à la forme pronominale, précédé de « l' », COD représentant toute une proposition (« que ces maisons seraient plus fonctionnelles ») et équivalente à « cela », reste invariable (p. 96).

71. **a *eu* à courir** : le participe passé *eu* employé avec l'auxiliaire « avoir » reste invariable car il n'y a pas de COD placé avant (« qu' », pronom ayant pour

antécédent « les sept mille mètres », est complément circonstanciel de mesure de « courir ») (p. 36).

ont *valu* : le participe passé *valu* employé avec l'auxiliaire « avoir » reste invariable car le COD, « la médaille d'argent », est placé après le verbe (p. 29).

72. **ai tant *lu*** : le participe passé *lu* employé avec l'auxiliaire « avoir » est invariable parce que l'adverbe de quantité « tant » suit « en » (p. 91).

73. **se sont *plaints*** : le participe passé du verbe transitif « plaindre » employé pronominalement s'accorde avec le pronom COD de sens réfléchi « se », mis pour « ils », au masculin pluriel (p. 68).

avoir *reçu* : le participe passé *reçu* utilisé avec l'auxiliaire « avoir » reste invariable car le COD « la somme qui leur était due » est placé après le verbe (p. 29).

était *due* : le participe passé *due*, utilisé avec l'auxiliaire « être », s'accorde avec le sujet « qui » ayant pour antécédent « la somme », donc au féminin singulier (p. 23).

74. **a *cru*** : le participe passé *cru*, précédé de « que » et suivi de la proposition infinitive « être montée » reste invariable (p. 56).

être *montée* : le sujet du verbe de la proposition infinitive « être montée » est « qu' », mis pour « cette pensionnaire », par conséquent *montée* s'accorde au féminin singulier (p. 23).

avait en réalité *pris* : le participe passé *pris*, employé avec l'auxiliaire « avoir », est suivi du COD « la clé des champs », par conséquent il demeure invariable (p. 29).

75. **se sont *parlé*** : le participe passé du verbe pronominal « se parler » ne pouvant avoir de COD, il demeure invariable (p. 74).

76. **s'est *crue* originale** : le participe passé du verbe transitif « croire » employé pronominalement, suivi d'un attribut du COD (« originale »), s'accorde avec le pronom COD « s' », mis pour « elle », donc au féminin singulier (p. 40).

77. **s'est *jouée*** : le participe passé du verbe transitif « jouer » employé à la forme pronominale, de sens passif, s'accorde avec le sujet « la seconde manche

du tournoi d'échecs », donc au féminin singulier (p. 68).

78. **se sont** ***faites*** : le participe passé du verbe transitif « faire » employé pronominalement (ici, non suivi d'un infinitif) s'accorde avec le COD placé avant le verbe, le pronom « se », mis pour « elles », au féminin pluriel (« les sorcières d'Halloween » est attribut du COD « se ») (p. 79).

79. **avez-vous** ***fumées*** : le participe passé du verbe transitif « fumer » employé avec l'auxiliaire « avoir » s'accorde avec le COD placé avant le verbe, « combien de cigarettes », au féminin pluriel (p. 91).

80. **se sont** ***aperçus*** : le participe passé du verbe pronominal non réfléchi « s'apercevoir » s'accorde avec le sujet « ni les citadins ni les touristes », donc au masculin pluriel (p. 68).

81. **se sont** ***vues privées*** : le participe passé du verbe transitif « voir » employé pronominalement, suivi d'un attribut du COD « se », mis pour « elles-mêmes » et placé avant le verbe, s'accorde avec ce pronom, donc au féminin pluriel.

82. **ont *donnés*** : le participe passé *donnés* employé avec l'auxiliaire « avoir » s'accorde avec le COD « qu' », ayant pour antécédent « les livres », donc au masculin pluriel (p. 29).

83. **ont *courus*** : le verbe « courir » est pris ici au sens figuré, par conséquent son participe passé, employé avec l'auxiliaire « avoir », s'accorde avec le pronom « qu' », placé avant le verbe, ayant pour antécédent « les dangers », donc au masculin pluriel (p. 29).

ne les ont pas *empêchées* : le participe passé *empêchées*, employé avec l'auxiliaire « avoir », s'accorde avec le COD « les » placé avant le verbe, mis pour « elles », donc au féminin pluriel (p. 29).

84. **se sont *laissé* prendre** : le participe passé du verbe « laisser » employé pronominalement reste invariable, car le COD « se », mis pour « ils », ne fait pas l'action du verbe à l'infinitif « prendre », mais au contraire la subit (p. 47).

85. **s'est *convaincue*** : le participe passé du verbe « convaincre » employé pronominalement, de sens réfléchi, s'accorde avec le pronom COD « s' », mis

pour « elle-même », donc au féminin singulier (p. 79).

avait ***attrapé*** : le participe passé *attrapé*, employé avec l'auxiliaire « avoir », reste invariable car le COD « une grave maladie » est placé après le verbe (p. 29).

86. **se sont** ***assuré*** : le participe passé du verbe transitif « assurer », employé pronominalement, reste invariable car le COD, « d'agréables vacances sur la Côte », est placé après le verbe.

87. **se sont** ***faites*** **impeccables** : le participe passé du verbe « faire » employé pronominalement, suivi de l'adjectif « impeccables », attribut du COD « se » mis pour « elles », placé avant le verbe, s'accorde au féminin pluriel avec ce pronom (p. 82).

88. **se sont** ***proposées*** : le participe passé du verbe « proposer » employé pronominalement, de sens réfléchi, s'accorde avec le pronom COD « se », mis pour « elles-mêmes », donc au féminin pluriel (p. 79).

89. **s'est** ***débarrassée*** : le participe passé du verbe transitif « débarrasser » employé ici pronominalement, de sens non réfléchi, s'accorde avec le sujet « elle » (p. 68) donc au féminin singulier.

tombés, épithète de « des pétales », nom masculin, s'accorde au masculin pluriel (p. 11).

fanées, épithète de « ces azalées », nom féminin, s'accorde au féminin pluriel (p. 11).

90. **ai *réuni*** : le participe passé *réuni* employé avec l'auxiliaire « avoir » reste invariable car le COD, « un tas d'objets », est placé après le verbe (p. 29).

excepté, placé devant le nom, est invariable (p. 16).

91. **s'est *crue nommée*** : le participe passé du verbe « croire » employé pronominalement, suivi de « nommée », attribut du COD « s' » mis pour « la candidate », s'accorde avec ce pronom, d'où l'accord au féminin singulier de *crue* (p. 82).

92. **sont *consommées*** : l'adverbe de quantité « combien » est suivi d'un complément (« de pommes »), le participe passé s'accorde donc avec ce complément, au féminin pluriel (p. 91).

93. **se sont *échappés*** : le participe passé du verbe transitif « échapper » employé pronominalement, de sens non réfléchi, s'accorde avec le sujet « la plu-

part » (qui a le sens de « le plus grand nombre de gens »), donc au masculin pluriel (p. 68).

94. **avais** ***portés*** : le participe passé *portés* employé avec l'auxiliaire « avoir » s'accorde avec le pronom relatif COD placé avant le verbe, « que », ayant pour antécédent « les rideaux », donc au masculin pluriel (p. 59).

sont ***allés*** **rechercher** : le participe passé *allés* employé avec l'auxiliaire « être » s'accorde avec le sujet « ils », donc au masculin pluriel (p. 23).

95. **vous êtes-vous** ***servies*** : le participe passé du verbe « servir » employé ici pronominalement, de sens réfléchi, s'accorde avec le pronom COD « vous », mis pour « mesdames », donc au féminin pluriel.

ci-incluses : cette locution adjectivale placée après le nom est ici épithète de « circulaires », d'où son accord au féminin pluriel (p. 19).

96. **s'est** ***acheté*** : le participe passé du verbe transitif « acheter » employé pronominalement reste invariable car le COD, « son eau de toilette préférée », est placé après le verbe (p. 74).

s'en est *vaporisée* : le participe passé du verbe transitif « vaporiser » employé pronominalement, de sens réfléchi, s'accorde avec le pronom COD « s' » mis pour « elle », donc au féminin singulier (p. 79).

97. **ai *eue*** : le participe passé *eue* employé avec l'auxiliaire « avoir » s'accorde avec le COD « quelle tristesse » placé avant le verbe, donc au féminin singulier (p. 29).

m'avait *donnée* : le participe passé *donnée*, employé avec l'auxiliaire « avoir », s'accorde avec le COD placé avant le verbe, « qu' », ayant pour antécédent « cette bague », donc au féminin singulier (p. 29).

98. **ont été *sélectionnés*** : le participe passé *sélectionnés*, employé avec l'auxiliaire « être » (ici à la voix passive), s'accorde avec le sujet « les joueurs », donc au masculin pluriel (p. 23).

se sont *présentés* et **se sont *battus*** : *présentés*, participe passé d'un verbe transitif employé pronominalement, s'accorde avec le pronom COD placé avant le verbe, « se », mis pour « les joueurs », donc au masculin pluriel (p. 79) ; *battus* est le participe passé d'un verbe pronominal de sens réciproque, il s'accorde donc de même (p. 79).

99. **s'est bien *déroulée*** : le participe passé du verbe transitif « dérouler » employé à la forme pronominale, de sens non réfléchi, s'accorde avec le sujet « l'émission », donc au féminin singulier (p. 68).

se sont *plu* : le participe passé d'un verbe qui ne peut avoir de COD est invariable (car on plaît **à** quelqu'un) (p. 74).

se sont bien *défendues* : le participe passé du verbe transitif « défendre » employé à la forme pronominale, de sens réfléchi, s'accorde avec le pronom COD « se », mis pour « les candidates », donc au féminin pluriel (p. 68).

s'est *juré* : le participe passé du verbe transitif « jurer » employé pronominalement reste invariable (car on jure **à** soi-même) (p. 91).

100. **se sont *laissé*** convaincre : le participe passé du verbe « laisser » employé pronominalement s'accorde avec le COD si celui-ci fait l'action du verbe à l'infinitif « convaincre » ou demeure invariable s'il subit l'action du verbe à l'infinitif. Le pronom « se », mis pour « ils », subit ici l'action de convaincre (car ce sont « les bonimenteurs » qui convainquent), donc *laissé* reste invariable (p. 51).

se sont ***précipités*** : le participe passé du verbe transitif « précipiter » employé pronominalement, de sens réfléchi, s'accorde le pronom COD « se » placé avant le verbe, mis pour « ils », donc au masculin pluriel (p. 79).

Table des matières

Dans la même collection

Évitez de dire... dites plutôt...
par Bernard Laygues

Orthographe : trucs et astuces
par Jean-Pierre Colignon

Testez votre français
par le jury des Dicos d'or

Devenez un champion en orthographe
par Micheline Sommant et le jury des Dicos d'or

L'Orthographe, c'est logique !
par Jean-Pierre Colignon

Évitez le franglais, parlez français
par Yves Laroche-Claire

Composition I.G.S. Charente Photogravure
et impression Bussière Camedan Imprimeries
en décembre 2003.
N° d'édition : 22172. – N° d'impression : 035866/4.
Dépôt légal : janvier 2004.
Imprimé en France.